Max Weber zur Einführung

Volker Heins

Max Weber zur Einführung

JUNIUS

Junius Verlag GmbH
Stresemannstraße 375
22761 Hamburg
Im Internet: www.junius-verlag.de

Titelbild: Archiv für Kunst und Geschichte, Berlin
Satz: Druckhaus Dresden
Druck: Druckhaus Dresden
Printed in Germany 2004
ISBN 3-88506-390-5
3., vollständig überarb. Aufl. März 2004
(Zur Einführung; 290)

Bibliografische Information Der Deutschen Bibliothek
Die Deutsche Bibliothek verzeichnet diese Publikation in der Deutschen Nationalbibliografie; detaillierte bibliografische Daten sind im Internet über <http://dnb.ddb.de> abrufbar.

Inhalt

»Sie werden schließlich die Frage stellen: wenn dem so ist, was leistet denn nun eigentlich die Wissenschaft Positives für das praktische und persönliche ›Leben‹? [...] Zunächst natürlich: Kenntnisse über die Technik, wie man das Leben, die äußeren Dinge sowohl wie das Handeln der Menschen, durch Berechnung beherrscht: – nun, das ist aber doch nur die Gemüsefrau des amerikanischen Knaben, werden sie sagen. Ganz meine Meinung. Zweitens, was diese Gemüsefrau schon immerhin nicht tut: Methoden des Denkens, das Handwerkszeug und die Schulung dazu. Sie werden sagen: nun, das ist nicht Gemüse, aber es ist auch nicht mehr als das Mittel, sich Gemüse zu verschaffen. Gut, lassen wir das heute dahingestellt. Aber damit ist die Leistung der Wissenschaft glücklicherweise auch noch nicht zu Ende, sondern wir sind in der Lage, Ihnen zu einem Dritten zu verhelfen: zur *Klarheit.*«

Max Weber 1919

Vorwort zur dritten Auflage

Die vorliegende Auflage ist das Ergebnis einer gründlichen Überarbeitung und Erweiterung des ursprünglichen Textes, der erstmals 1990 erschien. Neben zahlreichen einzelnen Passagen und Formulierungen sind vor allem die Unterkapitel »Verstand und Gefühl in der Politik« und »Was bleibt von Weber heute?« neu hinzugekommen. Die ausgewählten Literaturhinweise wurden ergänzt und aktualisiert. Grundsätzlich habe ich versucht, Querverweise auf die innerwissenschaftliche Weberdiskussion auf ein Minimum zu beschränken, um die Lesbarkeit zu erleichtern. Leider habe ich darauf verzichten müssen, für sämtliche Weberzitate die entsprechenden Quellen in den bisher erschienenen Bänden der neuen, im Auftrag der Kommission für Sozial- und Wirtschaftsgeschichte der Bayerischen Akademie der Wissenschaften herausgegebenen »Max Weber Gesamtausgabe« anzugeben. Daß der ursprüngliche Text schon etwas älter ist, läßt sich auch an der unreformierten Rechtschreibung sehen, die ich entgegen meiner sonstigen Angewohnheit beibehalten habe.

Die erste Fassung des Buches wurde in einer Zeit geschrieben, als Studenten der Sozialwissenschaft (jedenfalls in Frankfurt und Berlin) noch freiwillig Marx lasen und für die Lektüre Webers ausdrücklich geworben werden mußte. Dies mag heute hier und da umgekehrt sein. Geändert hat sich wohl auch das, was an Weber als interessant wahrgenommen wird. So ist aus meiner Sicht der Marxkritiker Weber von dem Zivilisationsanalytiker Weber verdrängt worden – eine Verschiebung, der ich am Schluß des Buches Rechnung trage. Auf die eine oder andere Weise werden uns wohl die Analysen Webers immer wieder zum Nachdenken, Kritisieren und Weiterlesen anregen, und dies weit über die sozialwissenschaftlichen Einzeldisziplinen hinaus. In diesem Sinne wendet sich der Text nicht nur an Soziologen und Politikwissenschaftler, sondern generell an sozialwissenschaftlich Interessierte, die einen Zugang zum Werk Webers suchen, sowie an Lehrende, die anderen einen solchen Zugang erleichtern möchten.

Cambridge/Mass., im August 2003
Volker Heins

1. »Was heißt hier Objektivität?« Zur Wissenschaftstheorie Max Webers

Das Werk Max Webers lebt nicht zuletzt dadurch fort, daß man immer wieder versucht hat, es »kritisch« zu überbieten. Im sogenannten »Positivismusstreit« der sechziger Jahre und während der Studentenbewegung galt Weber als »bürgerlich« und »affirmativ«. Später nannten andere Webers Schriften »etatistisch« oder »empiristisch« und machten seinen Einfluß sogar verantwortlich für Fehlentwicklungen des Marxismus, die man nunmehr selbstkritisch bereinigen wollte. Alle diese wiederholten Versuche zur kritischen Überwindung der Weberschen Soziologie konnten allerdings nicht verbergen, daß sie häufig ihrerseits von Aspekten dieses Werkes beeinflußt waren.[1]

Ein wichtiger Aspekt dieser Beeinflussung kann in der heute weitverbreiteten Überzeugung gesehen werden, daß die Wissenschaften einschließlich der Sozialwissenschaft nicht nur »Wahrheit« produzieren, sondern unmittelbar dadurch auch eine »Macht« sind, so ohnmächtig sich ihre Träger auch fühlen mögen. Weber bestimmt die moderne, in speziellen »Anstalten« organisierte Wissenschaft als eine der zentralen gesellschaftlichen Mächte, die der westlichen Lebensform – dem »okzidentalen Rationalismus« – zum Durchbruch verholfen haben. Zugleich sind die *Gesammelten Aufsätze zur Wissenschaftslehre*, in denen Webers methodologische Arbeiten posthum zusammengefaßt wurden, von dem Bewußtsein durchdrungen, daß ein bestimmter wissenschaftlicher Rationalismus fragwürdig geworden ist. Weber kritisiert das verbreitete (Selbst-)Mißverständnis vieler Fachwissenschaftler, die einen starren Gegensatz von Wissenschaft und Subjektivität postulieren. Am Beispiel der klassischen Nationalökonomie macht er deutlich, daß die Wissenschaft in gewissem Sinne selbst eine »Weltanschauung« ist, insofern sie nämlich von einem »optimistischen Glauben an die theoretische und praktische Rationalisierbarkeit des Wirklichen« (WL: 185) geleitet wird. Für die von den Idealen der Aufklärung inspirierte Wissenschaftpraxis gilt ebenso wie für die spätromantische Kritik der Aufklärung, daß sie nicht in der Lage ist, »das Verhältnis zwischen Begriff und Realität zu ermitteln« (WL: 145). Dieses Verhältnis ist nämlich keineswegs unproblematisch. Weber möchte die Wissenschaft selbst zum Gegenstand strenger Reflexion machen, zum einen, um die erkenntnistheoretische Naivität ihrer Träger zu brechen, zum anderen, um ihren gesellschaftlichen Standort neu zu bestimmen.

Zunächst ist es das Verhältnis von Begriff und Realität, das Weber fragwürdig erscheint. Eng verwandt damit ist das Problem des Verhältnisses von Objektivität und Standortgebundenheit des wissenschaftlichen Wissens. Hier bieten sich Weber zwei zeitgenössische Lösungsansätze an. Für den liberalen Soziologen Karl Mannheim bildet der Wissenschaftler selbst die Grenze der Objektivität der Wissenschaft. Der Wissenschaftler sei vollständig Teil einer »gewordenen«, je individuellen Kultur und könne folglich keinen Anspruch auf eine standortneutrale Objektivität seines Wissens erheben. Mit dieser »soziologistischen« Lesart konkurriert der Neukantianismus Heinrich Rickerts, der an einem strikten Objektivitätsanspruch sowohl der Natur- wie auch der Kulturwissenschaften festhält.

Eine Frage, der in den Diskussionen zur Wissenschaftstheorie Max Webers nachgegangen worden ist, lautet, bis zu welchem Punkt Weber der Fährte Rickerts folgt.[2] Zwar postuliert auch Weber ein wissenschaftliches Objektivitätsideal, aber zugleich möchte er herausfinden, was denn Objektivität auf dem Gebiet der Kulturwissenschaften überhaupt bedeuten kann: »Was heißt hier Objektivität?« (WL: 161) Er übernimmt von Rickert die Idee einer besonderen kulturwissenschaftlichen Begriffsbildung durch das, was Rickert »Wertbeziehung« genannt hat. Damit ist gemeint, daß die Gegenstände der Soziologie, der Nationalökonomie etc. nicht von selbst zu Erkenntnisobjekten werden, sondern nur dadurch, daß sie im Licht jeweils bestimmter, allgemeingültiger Werte *bedeutungsvoll* erscheinen. Im Unterschied beispielsweise zur Biologie, für die noch das unscheinbarste Lebewesen unter dem Mikroskop ein ebenso würdiger Gegenstand wie jeder andere ist, entstehen die kulturwissenschaftlichen Objekte nur aufgrund der Tatsache, daß wir selbst, wie Rickert und Weber übereinstimmend formulieren, »Kulturmenschen« mit selektiven Erkenntnisinteressen sind. Bereits an diesem Punkt trennt sich Webers Weg jedoch von dem Rickerts. Im Unterschied zu diesem will Weber die Wertideen, welche die Bedingung der Möglichkeit von kulturwissenschaftlichen Erkenntnisobjekten sind, nicht als unverbrüchliche »Objektivitätsgaranten«[3] verstanden wissen. Während Rickert im Laufe seiner Entwicklung dazu neigt, die Wertideen inhaltlich zu bestimmen und in eine hierarchische Ordnung zu bringen, kennzeichnet Weber den Bezug auf Wertideen als einen »rein logisch-formalen Tatbestand«:

»Wenn also hier im Anschluß an den Sprachgebrauch moderner Logiker von der Bedingtheit der Kulturerkenntnis durch Wertideen gesprochen wird, so ist das hoffentlich Mißverständnissen so grober Art, wie der Meinung, Kulturbedeutung solle nur *wertvollen* Erscheinungen zugesprochen werden, nicht ausgesetzt. Eine Kulturerscheinung ist die Prostitution so gut wie die Religion oder das Geld, alle drei deshalb und *nur* deshalb und *nur* soweit, als ihre Existenz und ihre Form, die sie *historisch* annehmen, unsere Kulturinteressen direkt oder indirekt berühren, als sie unseren Erkenntnistrieb unter Gesichtspunkten erregen, die hergeleitet sind aus den

Wertideen, welche das Stück Wirklichkeit, welches in jenen Begriffen gedacht wird, für uns *bedeutsam* machen.« (WL: 180 f.)

Rickert umgeht die Falle des soziologischen Relativismus um den Preis einer objektivistischen Wertemetaphysik, die von vornherein festlegt, was für die Sozialwissenschaften bedeutsam ist und was nicht. Es handelt sich um einen Objektivismus, der beansprucht, *alles* von *nirgendwoher* zu sehen. Weber wählt einen anderen Weg, indem er einen neuen Begriff ins Spiel bringt. Er stellt die Forderung nach »Werturteilsfreiheit« für die Wissenschaften und ihre Subjekte auf und versucht, dieser Forderung eine wissenschaftstheoretisch strenge Fassung zu geben.

»Werturteilsfreiheit« – das heißt für Weber gerade nicht »gesinnungslose« oder gar »voraussetzungslose« Wissenschaft. (WL: 157, 175) Genau umgekehrt gilt: Das Postulat der Werturteilsfreiheit soll dem Befund Rechnung tragen, daß die sozialwissenschaftliche Erkenntnis unweigerlich »an ›subjektive‹ Voraussetzungen gebunden« (WL: 182) ist. Diese »subjektiven« Voraussetzungen sind nicht (in erster Linie) sozialer und wissenssoziologischer, sondern erkenntnistheoretischer Natur. Die wichtigste dieser Voraussetzungen habe ich bereits genannt: Jede Entwicklung des kulturwissenschaftlichen Wissens setzt einen »Wissenswert« voraus, d.h. Kriterien, nach denen uns die Untersuchung bestimmter Realitätsbereiche dringlich erscheint.

Charakteristisch sind weiterhin die Formulierungen, mit denen Weber seinen zentralen Begriff des »Idealtypus« einführt. Am Beispiel der neoklassischen Ökonomie erläutert er den heuristischen Sinn von »Konstruktionen« und »Gedankenbildern«, mit deren Hilfe die *wahrscheinlichen* Prozesse auf Güter- und Arbeitsmärkten gedanklich erfaßt werden. Allgemein spricht er von der Notwendigkeit der »Konstruktion von Zusammenhängen, welche unserer *Phantasie* als zulänglich motiviert [...] erscheinen« (WL:

192). Webers Überlegungen zielen hier auf die konstruktivistische Idee einer Wissenschaftspraxis als »kognitiver Phantasietätigkeit«[4].

Vor dem Hintergrund dieser Überlegungen hat das Postulat der Werturteilsfreiheit – gegen den Strich gelesen – den folgenden Sinn: Das fiktionale, »phantasmatische« Element des Erkenntnisprozesses soll vor einer *Blockierung durch außerwissenschaftliche Konventionen* (»Werturteile«) geschützt werden. Dies ist die eine Seite. Auf der anderen Seite jedoch möchte Weber umgekehrt auch die Freiheit schützen, *»unwissenschaftlich« zu leben* und sich nach Werten und Normen zu richten, die nicht von Experten beglaubigt worden sind.[5] Die Wissenschaft ist Teil eines Rationalisierungsprozesses, der zu einer Differenzierung unterschiedlicher Lebensordnungen führt, unter denen sie selbst – neben Politik, Moral, Wirtschaft usw. – nur eine unter vielen ist.

Wenn man sich in den Schriften Webers auf die Suche nach Parallelen zum Konzept der Werturteilsfreiheit begibt, stößt man auf den herrschaftssoziologischen Begriff des Charismas, auf den ich noch eingehen werde. Beiden Phänomenen, der werturteilsfreien Wissenschaftspraxis wie auch der charismatischen Herrschaftspraxis, ist die »außeralltägliche« Distanz zu bestehenden Konventionen gemeinsam sowie die spezifische Faszination, die immer wieder von dieser Unbefangenheit ausgeht.

Die *erkenntnistheoretische* Lesart des Postulats der Werturteilsfreiheit steht in einer Beziehung zu ihrem *wissenschaftspolitischen* Sinn. Die Forderung nach »›Wertfreiheit‹ der soziologischen und ökonomischen Wissenschaften«, wie sie in dem bekannten Gutachten formuliert wird, das Weber 1913 für eine Diskussion des Vereins für Sozialpolitik verfaßte[6], richtet sich nicht in erster Linie gegen überzogene Objektivitätsansprüche und die Selbstmißverständnisse einer vorgeblich »voraussetzungslosen« Wissenschaftspraxis, sondern gegen die verhängnisvolle Verquickung von

Wissenschaft und Propaganda durch akademische »Mandarine« – ein Vorgang, der nach Webers Tod den Aufstieg des Nationalsozialismus entscheidend begünstigen sollte.[7] »Wertfreiheit« bezieht sich jetzt auch nicht mehr nur auf die wissenschaftliche *Forschung*, sondern ausdrücklich auf die akademische *Lehre*. Weber kritisiert besonders nach 1914 ebenso unerbittlich wie subtil die Selbstgefälligkeit und die Gegenwartsferne der bildungsbürgerlichen Akademikerkaste, die den Anspruch erhebt, weit über die »Fachqualifikation« der Studenten hinaus einen totalen und autoritären Erziehungsauftrag der Universitäten wahrzunehmen.

Webers Polemik gegen »Kathedersuggestion« und »Professoren-Prophetie«, die er etwa bei dem preußischen Historiker und Antisemiten Heinrich von Treitschke konstatiert, mündet in ein alternatives Bild der Universität. Demnach hat die akademische Ordnung die spezifisch ethische Funktion, mittels Erziehung und Rekrutierung einem Persönlichkeitstypus zum Aufstieg zu verhelfen, der in der Lage ist, in bestimmten Kontexten über Wertungsfragen »zu schweigen«. Sinn und Wert der Institution Wissenschaft verweisen somit direkt auf die Wertfreiheit und ihre persönlichkeitsprägenden Folgen innerhalb des modernen Pluralismus gegensätzlicher sozialer Handlungsfelder. Eine wertungsfreie »Wirklichkeitswissenschaft« ist zudem erstmals in der Lage, handlungskonstitutive Werte selbst zu einem Gegenstand der Forschung zu machen und eine »›realistische‹ Wissenschaft vom Ethischen« zu begründen, die auch noch die nichtrationalen Voraussetzungen unserer heutigen Vernunftkultur erfaßt. (vgl. WL: 489-540) »Wirklichkeitswissenschaft« heißt: Die Sozialwissenschaft unterrichtet über den Charakter der gesellschaftlichen Wirklichkeit, die uns umgibt und durchzieht; damit aber geht sie ein in das Feld der Handlungsorientierungen, das sie untersucht. Anstatt die Geltung sozialer »Gesetze« zu behaupten, die unabhängig von den Subjekten Geltung beanspruchen dürften, wird sie selbst zu einer mächtigen kollektiven Quelle von Handlungsorientierungen.[8]

Ein Problem liegt darin, daß Weber zwei verschiedene Formen der »Verunreinigung« von Wissenschaft miteinander zu vermengen scheint: Er wendet sich gegen die Manipulation der Studenten durch Professoren, die »den Marschallstab des Staatsmanns (oder des Kulturreformers) im Tornister« tragen; zugleich und im selben Atemzug kritisiert er das »Hineinreden der Öffentlichkeit« (WL: 493) in den Arkanbereich des Forschungsbetriebs. Diese beiden Formen des Eingriffs würden wir heute gewiß deutlicher als Weber auseinanderhalten. Vor allem ist uns heute bewußt, daß auch die Resultate »reiner«, d.h. nicht in manipulativer Absicht betriebener Wissenschaft zum Rohstoff moderner Mythen werden können. So haben sich zunächst ganz sachliche und disziplingebundene Begriffe wie »Chaos«, »Globalisierung« oder auch Webers »Bürokratisierung« gleichsam unterderhand und ohne daß man immer auf einen Schuldigen zeigen könnte, in beliebig verwendbare wissenschaftliche Alltagsmythen verwandelt.[9]

In politischer Hinsicht verfolgt Weber ein doppeltes Ziel. Einerseits möchte er die Abschottung des Wissenschaftssektors gegenüber Laien und selbsternannten »Propheten« verstärken, andererseits strebt er eine politische Öffnung der Universitäten an.[10] Hier gibt es eine interessante Nahtstelle zwischen den eher erkenntnistheoretischen und den wissenschaftspolitischen Aspekten der Forderung nach Wertfreiheit. Offenkundig denkt Weber an die Möglichkeit, politische Opposition in wissenschaftlichen Zweifel umzumünzen:

»Einer unserer allerersten Juristen erklärte gelegentlich, indem er sich *gegen* den Ausschluß von Sozialisten von den Kathedern aussprach: wenigstens einen ›Anarchisten‹ würde auch er als Rechtslehrer nicht akzeptieren können, da der ja die Geltung des Rechts als solche überhaupt negiere, –

und er hielt dies Argument offenbar für durchschlagend. Ich bin der genau gegenteiligen Ansicht. Der Anarchist kann sicherlich ein guter Rechtskundiger sein. Und ist er das, dann kann gerade jener sozusagen archimedische Punkt *außerhalb* der uns so selbstverständlichen Konventionen und Voraussetzungen, auf den ihn seine objektive Überzeugung – wenn sie echt ist – stellt, ihn befähigen, in den Grundanschauungen der üblichen Rechtslehre eine Problematik zu erkennen, die allen denjenigen entgeht, welchen jene allzu selbstverständlich sind. Denn der radikalste Zweifel ist der Vater der Erkenntnis.« (WL: 496)

Bemerkenswert ist die Art und Weise, in der sich Webers Wissenschaftskonzept in sein konfliktorientiertes, »agonales« Gegenwartsverständnis einfügt. Weber scheint die Ansicht zu vertreten, daß die modernen Kulturwissenschaften die Aufgabe haben, ihre Adressaten von den Grenzen der (politischen) Verständigung in Kenntnis zu setzen. Wie anders ist die Aussage zu verstehen, daß die Wissenschaft dem Bürger »zur Selbstbesinnung auf diejenigen letzten Axiome« verhelfen solle, »von denen er unbewußt ausgeht oder – um konsequent zu sein – ausgehen müßte« (WL: 151)? Indem die Wissenschaft eine Kommunikation über solche »letzten Axiome« anregt, hat sie nach Weber Anteil an der Bestimmung der sozialen und politischen Konfliktfelder der Gegenwartsgesellschaften. Zugleich bestimmt Weber, und zwar konkret mit Blick auf das *Archiv für Sozialwissenschaft und Sozialpolitik*, das er ab 1904 mitherausgibt, die Wissenschaft als einen »neutralen Boden«, auf dem auch Menschen mit unterschiedlichen Idealen »zusammenwirken« können sollen. Die Wissenschaft bekämpft jede »parteifanatische Beschränktheit«, die die »psychologischen Schranken« (WL: 158) der Kommunikation unter politischen Gegnern zu verewigen trachtet.

Zusammenfassend kann man sagen, daß sich in den *Gesammelten Aufsätzen zur Wissenschaftslehre* erkenntnistheoretische und wissenschaftspolitische Erwägungen kreuzen. Weber analysiert das scheinbare Paradox, daß sich die – im negativen Sinne – »subjektiven« Einflüsse innerhalb der Wissenschaft gerade dann geltend machen, wenn eine »schlechthin ›objektive‹ wissenschaftliche Analyse des Kulturlebens« beansprucht wird. Eine solche strikte Objektivität, daran läßt Weber keinen Zweifel, kann es nicht geben, weil jede wissenschaftliche Praxis auf einer spezifischen »Einschulung des Auges« (WL: 170) beruht. Ein erstes Ziel der *Wissenschaftslehre* besteht mithin in der Überwindung der »naiven Selbsttäuschung des Fachgelehrten« (WL: 181), der an die reine Objektivität, an die Evidenzen des reinen Geistes oder des bloßen Auges glaubt.

Eine andere Stoßrichtung wendet sich nicht gegen den spontanen Objektivismus der Fachwissenschaftler, sondern gegen den bildungsbürgerlichen Glauben, daß zwischen den vermeintlich objektiven Idealen der Kultur und dem wissenschaftlichen Willen zur Wahrheit eine Harmonie walte. Der politische Impuls der *Wissenschaftslehre* beruht aber gerade darauf, den Zusammenhang von bildungsbürgerlicher Standortgebundenheit und selbsterteilten Objektivitätsgarantien zu zerreißen. An dessen Stelle tritt die Kraft zur kritischen Selbstdistanzierung, die dazu führen soll, die wissenschaftlichen Erkenntnisprozesse vor der heimlichen Vereinnahmung durch parteiliche »Standpunkte« zu schützen. Die »subjektiven Voraussetzungen« des Wissenschaftsprozesses sollen offengelegt und durch methodische Reflexion eingefangen werden. Während der Wissenschaftsbereich nach außen vor politischen Zudringlichkeiten und staatlichen Steuerungsversuchen bewahrt werden soll, soll im Innern radikale Kritik regieren. Es ist diese umfassend *kritische* Vision, welche die erkenntnistheoretischen und wissenschaftsethischen Überlegungen Webers miteinander verbindet.

2. Eine kriegszentrierte Sozialtheorie. Intellektuelle, Apparate, Selbstpraktiken

»Rationalität« und »Lebensführung«

Beginnen wir mit einem schwarzen Fleck. Max Weber war, wie viele Zeitgenossen berichtet haben, ein begabter Redner und ebenso ein Autor, der es verstand, prägnant und zügig zu schreiben. Gleichwohl veröffentlichte er in den Jahren 1898 bis 1902 nur insgesamt 36 Seiten. In dieser Zeit unternahm Weber das, was er selbst eine »Höllenfahrt« nannte: Der junge Professor der Nationalökonomie geriet in eine schwere depressiv-nervöse Krise, die ihn schließlich vollständig arbeitsunfähig machte. Wir wissen nur wenig über die klinischen und psychologischen Details dieses Zusammenbruchs. Um so mehr müssen wir die Krise als eine Zäsur akzeptieren, die Webers Leben in ein (frühreifes) »Vorher« und ein (reifes) »Nachher« einteilt.[11] Dazwischen lag nicht zuletzt die prägende Erfahrung einer dreimonatigen Amerikareise, die der begeisterte Max Weber im Jahre 1904 zusammen mit seiner Frau Marianne und den Kollegen Sombart, Tönnies und Troeltsch unternahm.[12]

Im Jahre 1894 hatte Weber Berlin verlassen, wo er für kurze Zeit eine außerordentliche Professur an der juristischen Fakultät bekleidete, und wurde Ordinarius für Nationalökonomie an der Universität Freiburg. Dieser Wechsel markiert zugleich eine Verschiebung seines intellektuellen Interesses vom Juristischen hin zum Ökonomischen. Im Januar 1897 tritt er schließlich die Nachfolge von Karl Knies als Professor der Nationalökonomie und Finanzwissenschaft in Heidelberg an. Er gerät dabei in einen gewissen Widerspruch zu den patriarchalen Kommunikationsformen des universitären Milieus. Marianne Weber, eine engagierte Repräsentantin der bildungsbürgerlichen Frauenbewegung der Jahrhundertwende, gründet bereits im ersten Semester die Heidelberger Sektion des Vereins »Frauenstudium – Frauenbildung« und erregt damit beträchtliches Aufsehen. Max, der seine Frau nach anfänglichem Zögern unterstützt, bemüht sich um eine Auflockerung der altehrwürdigen Geselligkeitsregeln in den Heidelberger Akademikerzirkeln sowie um eine Öffnung der Universität für Frauen.

Wesentlich heftiger als der Zwist, in den Weber mit den alten Autoritäten des Universitätsmilieus gerät, ist das symbolträchtige Zerwürfnis mit seinem Vater, einem Anhänger und Reichstagsabgeordneten jener Nationalliberalen, die sich unter Bismarck politisch und weltanschaulich eingerichtet hatten. Der endgültige Bruch mit dem Vater, der sich im Sommer 1897 ereignet und für den sich teils politisch-kulturelle, teils psychologische Erklärungsmuster anbieten, führt darüber hinaus zu einem grundsätzlichen ethischen Konflikt, dessen Heftigkeit vielleicht verantwortlich ist für Webers Erkrankung. Die Historikerin Ingrid Gilcher-Holtey beschreibt Webers Situation in Heidelberg wie folgt: »Er verficht entschieden die Gleichheit der Frau, unterstellt die Erotik der Rationalität der Sittlichkeit und *zerbricht* doch zugleich an der Sehnsucht nach einer verantwortungslosen Erotik.«[13]

Diese Alternative, sich entweder dem Leben zu überlassen oder aber das Leben am Leitfaden ethischer Werte zu »führen«, stellt sich für Weber nicht nur biographisch, sondern bildet zugleich einen Zugang zu seinem Werk. Weber versteht Wissenschaft als eine Praxisform, die auf einer spezifischen Wertsetzung beruht. Der Kampf um die Werturteilsfreiheit ist ein Kampf um die Eigenständigkeit dieser besonderen Praxisform. Die ersten Texte, die Weber schreibt, nachdem er die Endstation seiner »Höllenfahrt« hinter sich gebracht hat, sind nicht zufällig methodologischer Natur

(Roscher und Knies und die logischen Probleme der historischen Nationalökonomie, 1903/06 etc.). Wolfgang Schluchter scheint sogar einen Zusammenhang anzunehmen zwischen der langsamen Genesung Webers im Frühjahr 1902 und seiner Lektüre von Heinrich Rickerts *Die Grenzen der naturwissenschaftlichen Begriffsbildung* (1902).[14]

Wie dem auch sei, festzuhalten ist die Einsicht, daß Weber eine Begriffsbildungslehre entwickelt, in der sich zugleich andere Motive seines Denkens ankündigen. Auffallend ist, daß sich der lebensgeschichtliche Grundkonflikt von Ethik und Ästhetik auch in der *Wissenschaftslehre* zeigt. So heißt es im »Objektivitäts«-Aufsatz von 1904:

> »Jeder nur anschaulichen Schilderung haftet die Eigenart der Bedeutung *künstlerischer* Darstellung an: ›Ein jeder sieht, was er im Herzen trägt‹, – gültige *Urteile* setzen überall die logische Bearbeitung des Anschaulichen, das heißt die Verwendung von *Begriffen* voraus, und es ist zwar möglich und oft ästhetisch reizvoll, diese in petto zu behalten, aber es gefährdet stets die Sicherheit der Orientierung des Lesers, oft die des Schriftstellers selbst, über Inhalt und Tragweite seiner Urteile.« (WL: 209)

Weber spricht in diesem Zusammenhang auch von einer »wissenschaftlichen Pflicht, die Wahrheit der Tatsachen zu sehen« (WL: 155). Er ist damit kurz davor, »Objektivität« als eine Haltung gegenüber der Welt zu kennzeichnen, die wir subjektiv einzunehmen gelernt haben und die nicht ihrerseits noch einmal »objektiv« begründet werden kann. Wenn er gegen den »optimistischen Glauben an die theoretische und praktische Rationalisierbarkeit des Wirklichen« (WL: 185) polemisiert, so scheint er auf zweierlei aufmerksam machen zu wollen: Einerseits stößt der wissenschaftliche Rationalismus auf einen unauflöslich irrationalen »Rest« in der Welt, andererseits – und das ist gravierender –

beruht er auf einem solchen Rest: Die Entbindung von sozial oder religiös auferlegten Denk- und Sprachgewohnheiten ist selbst in einer »letzten« Bindung verankert, nämlich in der Bindung an den Wahrheits-Wert. Weber behandelt in diesem Sinn die wissenschaftliche Tätigkeit als eine asketische Übung. Ist es daher verwunderlich, daß er nach seiner Krise parallel zu den wissenschaftstheoretischen Arbeiten das Thema der protestantischen Ethik aufgreift? Es gibt einen zugleich werkgeschichtlichen und theoretischen Zusammenhang zwischen Webers Interesse an einer strengen begriffslogischen Methodologie der Sozialwissenschaften und seinem religionssoziologischen Interesse am Puritanismus und der »methodischen Lebensführung«. Weber ist an der Entwicklung einer rationalen Methode interessiert, und zugleich bilden »Methoden« einen bevorzugten Gegenstand seiner Schriften: Methoden der intellektuell-praktischen »Lebensführung«.

Damit ist die Frage der thematischen Einheit eines Werkes angeschnitten, das uns nur in fragmentarischer Form vorliegt. Diese Frage ist mit Nachdruck von Wilhelm Hennis aufgeworfen worden, der sich gegen die in soziologischen Lehrbüchern vorherrschende Auffassung wendet, das zentrale Thema des Weberschen Werkes sei die Entwicklung der westlichen »Rationalität«. Hennis hat einen Versuch unternommen, diese »völlig undiskutierte Annahme« einer Kritik zu unterziehen und ist zu dem Ergebnis gekommen, das religionssoziologische Thema der »Lebensführung« als das zentrale Hintergrundmotiv auszuzeichnen, das Weber kontinuierlich beschäftigt habe.[15] Der polemische Charakter dieser Lesart rührt daher, daß das Thema der Lebensführung, dessen enorme Bedeutung von niemandem bestritten wird, *gegen* Webers politische Soziologie und selbst gegen seine Handlungstheorie ausgespielt wird.

»Denn – um nur eins zu erwähnen – hinter der ›Handlung‹ steht: der Mensch.« (WL: 530) Sätze wie dieser scheinen Hennis darin recht zu geben, *unterhalb* des sozialen Handelns und seiner »Rationalisierungen« eine anthropologische Basis anzunehmen, um deren Ergründung es Weber gegangen sei. Daran ist richtig, daß Weber hinter und außerhalb des beobachtbaren Verhaltens der Individuen und Kollektive eine geistige Ursache am Werk sieht, nämlich den »Sinn« und jeweils bestimmte »letzte Werte«, die den verschiedenen Motiven der Akteure zugrunde liegen. »Hinter« dem Verhalten eines Subjekts steht der Sinn, den es in sein Verhalten »hineinlegt« (WG: 4, 13 ff.); »hinter« diesem letzten Sinn wiederum steht ein »Dämon«, der, wie sich Weber in *Wissenschaft als Beruf* metaphorisch ausdrückt, »seines Lebens Fäden hält« (WL: 613). Weber scheint hier die Quelle von sozialen Handlungen zu mystifizieren, indem er an die Stelle eines autonomen handelnden Subjekts einen schwer greifbaren »Dämon« setzt. Und doch verfehlt eine solche Interpretation den Kern der »Fragestellung« Max Webers.

Weber unterscheidet sich nämlich von vielen seiner Zeitgenossen gerade durch seinen Widerstand gegen »den Glauben an die spezifische Irrationalität des menschlichen Handelns oder der menschlichen ›Persönlichkeit‹« (WL: 64). Er polemisiert z.B. gegen die Begriffe der »Seele« und der »schöpferischen Synthese«, die der einflußreiche Leipziger Psychologe Wilhelm Wundt ausgearbeitet hatte. Der Ruf von Autoren wie Wundt oder Karl Lamprecht gründete sich in der Zeit vor dem Ersten Weltkrieg auf eine holistische, »ganzheitliche« Konzeption des Verhältnisses von Individuum und Gesellschaft. In Abgrenzung einerseits von mystischen Gemeinschaftsbegriffen, andererseits vom angelsächsischen Individualismus und seinen vertragstheoretischen Quellen versuchten sie, einen rationalen Begriff der Gemeinschaft zu entwickeln. Das Ganze einer Gesellschaft oder einer Kulturepoche ist dieser Anschauung zufolge eine statistisch berechenbare und stabile Größe, während das Verhalten der isolierten Teile, d.h. der Individuen, wesentlich unberechenbar ist.

Weber akzeptiert an dieser Sichtweise die wahrscheinlichkeitstheoretische Verknüpfung von individuellem Handeln und gesellschaftlicher »Gestalt«, verankert jedoch die statistische Regelmäßigkeit nicht erst auf der Ebene der Gesamtgesellschaft, sondern bereits im Handeln der einzelnen. »Die ›Berechenbarkeit‹ von Naturvorgängen in der Sphäre von Wetterprophezeiungen etwa ist nicht entfernt so sicher wie die ›Berechnung‹ des Handelns einer uns bekannten Person.« (WL: 64 f.) Wenn man dies eingesehen hat, ist es nicht weiter erstaunlich, daß Weber seine »soziologischen Grundbegriffe«, aber auch die Grundbegriffe seiner Rechts- und Herrschaftssoziologie um den probabilistischen Begriff der »Chance« zentriert. Die Webersche Soziologie ist »verstehende Soziologie«, insofern sie beobachtbares Verhalten im Rekurs auf die darin wirksamen Motive untersucht (z.B. politischer Gehorsam/»Legitimitätsglaube«); zugleich rechnet sie mit der »Chance«, »daß das Handeln den sinnadäquat erscheinenden Verlauf tatsächlich mit angebbarer Häufigkeit oder Annäherung [...] zu nehmen pflegt« (WG: 6).

Sowohl das Konzept des »Verstehens« als auch das der »Häufigkeit« des soziologisch interessanten Handelns sind leicht zu mißdeuten. Zunächst zum »Verstehen«: Es bedeutet keineswegs das intuitive Erfassen verborgener Triebkräfte nach Art der Psychoanalyse. Ebenso ungenau wäre die Unterstellung, daß nach Weber das soziale Handeln durch subjektive Intentionen wie aus einem Hinterhalt gesteuert würde. Vielmehr ist Weber an der Beschreibung der Handlungsorientierungen interessiert in dem Wissen, daß sich die Subjekte zumeist gerade nicht oder jedenfalls nur zu einem Teil an ihren eigenen innersten Absichten orientieren, sondern anhand unterschiedlicher Wegmarken in vorstrukturierten Feldern, in denen sie sich gemeinsam mit anderen Subjekten bewegen. Genaugenommen macht Weber niemals Aussagen über konkrete Handlungen, die sich gar nicht vollständig beschreiben lassen. Nicht reale Handlungen sind z.B. »zweckrational«, vielmehr lassen sie sich allenfalls als zweckrational *verstehen* vor dem Hintergrund eines kulturspezifisch typischen Orientierungsfeldes.

Die »Häufigkeit« des soziologisch interessanten Handelns kann zweierlei bedeuten. Unter »Häufigkeit« kann sowohl ein Prinzip der identischen Wiederholung von Handlungsmustern *auf der Zeitachse* als auch ein Prinzip der *sozialen Streuung* von Handlungsmustern verstanden werden. Der Begriff der Lebensführung schließt zunächst an die erste dieser beiden Bedeutungen an und bezeichnet ein zirkuläres Selbst-Management, das konstante Handlungsorientierungen ebenso voraussetzt wie seinerseits erzeugt. Träger dieses Selbst-Managements sind historisch zunächst Individuen und kleine Gruppen (Sekten). Von beliebigen *»äußeren* Lebensgewohnheiten« (WG: 236) unterscheidet sich die Lebensführung, da sie das Innere und das Äußere, »Ethik« und »Welt«, miteinander verknüpft. Charakteristisch für die von Weber untersuchte rationale Lebensführung des Westens ist weiterhin, daß sie zwar durch außerökonomische, nämlich »religiöse Mächte« (RS I: 12) geformt wurde, gleichwohl aber in ganz unterschiedlichen gesellschaftlichen »Sphären« wirksam ist. Es gibt eine ethisch-religiöse oder bürokratische ebenso wie eine »ökonomische Lebensführung« (WG: 239). Man kann daher sagen, daß sich der Begriff der Lebensführung gegenüber der Trennung von »Wirtschaft« und »Gesellschaft«, die Weber seiner Soziologie zugrunde legt, gleichgültig verhält.

Diese Einsicht verhilft uns zu einem angemessenen Verständnis der »Vorbemerkung«, die Weber dem ersten Band der *Gesammelten Aufsätze zur Religionssoziologie* voranstellt, der 1920 in Druck geht. Dort skizziert er sein zentrales Forschungsinteresse wie folgt:

»Es kommt also zunächst wieder darauf an: die besondere *Eigenart* des okzidentalen und, innerhalb dieses, des modernen okzidentalen Rationalismus zu erkennen und in ihrer Entstehung zu erklären. Jeder solche Erklärungsversuch muß, der fundamentalen Bedeutung der Wirtschaft entsprechend, vor allem die ökonomischen Bedingungen berücksichtigen. Aber es darf auch der umgekehrte Kausalzusammenhang darüber nicht unbeachtet bleiben. Denn wie von rationaler Technik und rationalem Recht, so ist der ökonomische Rationalismus in seiner Entstehung auch von der Fähigkeit und Disposition der Menschen zu bestimmten Arten praktisch-rationaler Lebensführung überhaupt abhängig [...]. Zu den wichtigsten formenden Elementen der *Lebensführung* nun gehören in der Vergangenheit überall die magischen und religiösen Mächte und die am Glauben an sie verankerten ethischen Pflichtvorstellungen.« (RS I: 12)

Mit den »formenden Elementen« der Lebensführung beschäftigt sich Weber lange bevor er im Rückblick sein Forschungsinteresse in der Analyse des Aufstiegs der westlichen Lebensform sieht, nämlich in der religionsgeschichtlichen Studie *Die protestantische Ethik und der Geist des Kapitalismus*. In diesem Text wird deutlich, daß diese formenden Kräfte nicht nur außerökonomischer Natur sind, sondern daß sie häufig auch an den Rändern der sogenannten »Gesellschaft« entstehen, etwa im Umfeld von Sekten. Weber »umgeht«[16] geradezu den Begriff der »Gesellschaft«, an dessen Stelle später die Formel von den »gesellschaftlichen Ordnungen und Mächten« treten wird. In der *Protestantischen Ethik* gibt es Formulierungen, die verdeutlichen, daß nicht nur das rationale Individuum, sondern auch die »Gesellschaft« etwas Neues innerhalb der Geschichte ist: ein neuer Aggregatzustand des Sozialen. Die ordnenden und disziplinierenden Eigenschaften, die die konventionelle Soziologie der »Gesellschaft« zuschreibt, sind ursprünglich Elemente selbstpraktischer Lebensführungen – zuerst kleinerer, dann größerer Kollektive.

Die rationale Lebensführung des asketischen Protestantismus, dessen Anfänge Weber ausgehend vom frühen 16. Jahrhundert schildert, beruhte auf der Ausbildung von »psychologischen Antrieben«, welche »das Individuum in ihr *festhielten*« (RS I: 86). Die Lebensführung ist also von vornherein zugleich Lokomotive und Gleis, sie aktiviert motivationale Energien, und sie hält die Individuen zugleich fest und auf Kurs. Im Begriff der Lebensführung sind Elemente der Steigerung und der Eingrenzung, institutionelle und »innerliche« Elemente miteinander verschränkt. Im Laufe der historischen Entwicklung treten diese ursprünglich miteinander verschränkten Elemente auseinander. Am Ende der Entwicklung, die mit der asketischen Selbstzucht des europäischen Mönchtums und der protestantischen Sekten beginnt, steht die Zucht der Individuen durch die »Gesellschaft«, die erst jetzt als eine abstrakte Macht den Individuen entgegentritt. Das Resümee der Protestantismusstudien kennzeichnet Webers Blick für die objektive Ironie der Geschichte – für das Umschlagen von subjektivem Sinn in blindes »Schicksal«, von Freiheit in Determinismus:

> »Der Puritaner *wollte* Berufsmensch sein, – wir müssen es sein. Denn indem die Askese aus den Mönchszellen heraus in das Berufsleben übertragen wurde und die innerweltliche Sittlichkeit zu beherrschen begann, half sie an ihrem Teile mit daran, jenen mächtigen Kosmos der modernen, an die technischen und ökonomischen Voraussetzungen mechanisch-maschineller Produktion gebundenen, Wirtschaftsordnung erbauen, der heute den Lebensstil aller einzelnen, die in dies Triebwerk hineingeboren werden – *nicht* nur der direkt ökonomisch Erwerbstätigen –, mit überwältigendem Zwange bestimmt und vielleicht bestimmen wird, bis der letzte Zentner fossilen Brennstoffs verglüht ist.« (RS I: 203)

Die Thesen zur zivilisationsprägenden Rolle des reformatorischen Christentums sind von allergrößter Bedeutung für das angemessene Verständnis der Weberschen Soziologie und übrigens auch seiner politischen Weltsicht. Es gibt eine eindeutige antiautoritäre, gegen die damaligen politischen Verhältnisse in Deutschland gerichtete Spitze seiner frühen religionssoziologischen Überlegungen. Großbritannien und vor allem die Vereinigten Staaten, die Max mit Marianne Weber und Kollegen 1904 besucht hatte, schienen ihm die *politischen* Vorteile einer calvinistisch oder anderweitig protestantisch geprägten Kultur zu demonstrieren. In einem Brief an den evangelischen Theologen Adolf von Harnack bekräftigte er seine Überzeugung, daß es die puritanischen Sekten gewesen seien, die den individualistischen Geist der Menschenrechte und die »amerikanische Freiheit«[17] erfunden hätten. An anderer Stelle betont er die calvinistische Verachtung der »Kreaturvergötterung«, die eine im Vergleich zu Deutschland »innerlich freiere [...] Einstellung der Engländer zu ihren großen Staatsmännern« (RS I: 99) begründet habe.

Trotz dieser Schlüsselrolle der *Protestantischen Ethik* liegen zentrale Motive der Weberschen Soziologie jenseits dieser Texte. Zwar wird Weber später die Problematik der Protestantismusstudien fortsetzen, indem er zu einer vergleichenden Religionssoziologie ausholt, deren Ergebnisse uns in der *Wirtschaftsethik der Weltreligionen* vorliegen. Andererseits wird er die Analyse von Rationalisierungsprozessen mehr und mehr auch auf nichtreligiöse Lebensgebiete ausdehnen, insbesondere auf die politische Herrschaft. Neben das Verhältnis von Religion und Wirtschaft tritt das Verhältnis von Wirtschaft und Herrschaft. Weber bezieht die »Eigenart« der europäischen Sozialentwicklung, um deren Aufhellung es ihm geht, nicht mehr nur auf die ökonomische, sondern auch auf die wissenschaftliche, künstlerische und politische Entwicklung. Diese Verknüpfung der Analyse einer Vielzahl von Lebensordnungen unter dem Gesichtspunkt ihrer spezifisch »okzidentalen« Eigenart wird neben der *Wirtschaftsethik der Weltreligionen* ihren Ausdruck in den Manuskripten finden, die nach

Webers Tod unter dem Titel *Wirtschaft und Gesellschaft* herausgegeben worden sind.

In einem Brief an seinen Verleger Paul Siebeck schreibt Weber am 30. Dezember 1913, er habe »eine geschlossene Theorie und Darstellung ausgearbeitet, welche die großen Gemeinschaftsformen zur Wirtschaft in Beziehung setzt: von der Familie und Hausgemeinschaft zum Betrieb, zur Sippe, zur ethnischen Gemeinschaft, zur Religion [...], endlich eine umfassende soziologische Staats- und Herrschaftslehre«. Und stolz fügt er hinzu: »Ich darf behaupten, daß es noch nichts dergleichen gibt, auch kein ›Vorbild‹ [...].«[18]

Das Untersuchungsziel der im Rahmen der »Max Weber Gesamtausgabe« inzwischen neu arrangierten Textfragmente aus unterschiedlichen Arbeitsphasen ist zum einen die »idealtypische« Charakterisierung universeller Gemeinschaftsformen von der Familie bis zur Nation (Begriffsbildung), zum anderen die komparative Bestimmung von historischen Entwicklungen, die zum »Aufstieg des Westens« geführt haben (Begriffsanwendung). Webers Kernaussagen lassen sich in aller Kürze wie folgt zusammenfassen:

Kennzeichnend für seine Vorgehensweise ist zunächst die handlungstheoretisch motivierte Ablehnung jeglicher begrifflichen Verselbständigung von Großsubjekten wie Staat, Klasse oder Volk. Dies führt neben der Verwerfung des Gesellschaftsbegriffs zur Ersetzung teleologischer Fortschrittsmodelle durch die Annahme einer diskontinuierlichen, mehrgleisigen und kumulativen Dynamik des Aufstiegs westlicher Ordnungen und Mächte (besonders in Wirtschaft, Recht und Wissenschaft). Im Unterschied zu den Protestantismusstudien, auf die ich noch eingehe, erweitert Weber seine Analyse über psychologische und mentale Tatbestände hinaus und rückt sozialstrukturelle und geopolitische Hindernisse und Triebkräfte unterschiedlicher Kulturentwicklungen in den Blick.

Weber gelangt zu einem Bild des Westens, in dem profan organisierte Handlungsbereiche auf eigentümliche Weise von idealen und transzendenten Antriebsenergien durchdrungen und gestützt werden. Die genealogische Besonderheit der westlichen Kultur wird darin gesehen, daß im Unterschied zu den Reichsbildungen im Orient die politischen Versuche einer übergreifenden kontinentalen Integration aller sozialen Untereinheiten gescheitert sind. Statt dessen beobachten wir über die Jahrhunderte die Herausbildung von hochintegrierten, orientierungsfähigen Handlungseinheiten (Nationalstaaten, private Unternehmen, Sekten, schließlich »Individuen«), die sich der Kontrolle und Außensteuerung durch die jeweils höhere Ebene wenigstens partiell entziehen können. Auf Dauer gestellt wurde die derartig dynamisierte okzidentale Zivilisation durch eine allmähliche Rationalisierung der Tausch-, Kooperations- und Konfliktbeziehungen zwischen den pluralisierten »Mächten«. Auffällig an diesen ordnungsstiftenden Rationalisierungsvorgängen zwischen Individuen, Marktteilnehmern, Staaten usw. ist nach Weber ihre *zweidimensionale* Anlage, durch welche sowohl die konsequente Regelorientierung (in Recht und Verwaltung) als auch die Orientierung an situativen »außeralltäglichen« Besonderheiten und Gelegenheiten (auf Märkten, in Kunst und Politik) systematisch gesteigert werden.[19]

Bevor ich nun einzelne Details von Webers umfangreichen Schriften schlaglichtartig beleuchte, fasse ich die bisherigen Hinweise auf das Verhältnis von »Rationalität« und »Lebensführung« in zwei Stichworten zusammen. Erstens wendet sich Weber analog zur Tendenz seiner *Wissenschaftslehre* gegen einen singulären Vernunftbegriff, indem er eine Vielzahl von Rationalitäten unterstellt, d.h. eine Vielzahl von Gesichtspunkten, unter denen das Denken und Handeln von Gruppen systematisiert und »konsequent« gemacht werden kann. Darin geht auch ein gleichsam »kriegerisches« Element ein: »Der ›Rationalismus‹ ist ein historischer Begriff, der eine Welt von Gegensätzen in sich schließt [...].« (RS I: 62)[20]

Zweitens schließlich ist für den Denkstil Webers kennzeichnend, daß Rationalität in Fatalität, Freiheit in Zwang umschlägt. Die dominante Rationalität, die der »Eigenart« der amerikanisch-europäischen Gesellschaftsentwicklung zugrunde liegt, bezwingt keineswegs die Schicksalsmächte, gegen die die Aufklärung einst angetreten war, sondern schafft ein neues Fatum. So entsteht aus der Freiheit des Puritaners das Gehäuse der Hörigkeit, aus dem freien Unternehmertum die Bürokratie, aus dem sozial Bedingten ein Unbedingtes. »Es ist nichts inkonsequenter als die höchste Konsequenz, weil sie unnatürliche Phänomene hervorbringt, die zuletzt *umschlagen.*«[21] Gerade die moderne Welt mit ihren Apparaten, Parteien, Kasernen, Fahrplänen und Technologien, diese vollständig sozial bedingte Welt scheint selbst etwas Unbedingtes, »Unentrinnbares« geworden zu sein. Was mit den Tugenden und Freiheiten der Puritaner begann, endet im »stahlharten Gehäuses« des modernen Kapitalismus, dieser »schicksalsvollsten Macht« (RS I: 4, 524).[22]

Genealogie der Amoral

Daß die Soziologie Webers eine bemerkenswerte theoretische »Kriegszentrierung« aufweist, zeigen bereits die Protestantismusstudien. Zu einem guten Teil geht es Weber darin zunächst um eine Genealogie der »Moral« im doppelten Wortsinn, d.h. sowohl um die Entstehung eines bestimmten ethisch-religiösen Rigorismus (mit sozialen Konsequenzen) als auch einer Moral im kriegspsychologischen Sinn von »Standfestigkeit«. Der Puritanismus hat, mit anderen Worten, sowohl ökonomische als auch politische Tugenden befördert, die den Lebensbedingungen des jungen Bürgertums wahlverwandt waren. Die Beispiele, die Weber dafür anführt, sind einmal Benjamin Franklin, einer der Führer der amerikanischen Unabhängigkeitsbewegung, zum anderen Oliver Cromwell, der zugleich ein heroisches Element des Puritanismus versinnbildlicht:

»Das asketische Prinzip der ›Selbstbeherrschung‹ machte den Puritanismus auch mit zum Vater der modernen militärischen Disziplin [...]. Cromwells ›Ironsides‹, mit der gespannten Pistole in der Hand, ohne Schuß, in scharfem Trabe an den Feind geführt, waren nicht durch derwischartige Leidenschaft, sondern umgekehrt durch ihre nüchterne Selbstbeherrschung, welche sie stets in der Hand des Führers bleiben ließ, den ›Cavalieren‹ überlegen, deren ritterlich-stürmische Attacke jedesmal die eigene Truppe in Atome auflöste.« (RS I: 117, Fn. 4)

Dieses Problem der »Vaterrolle« des asketischen Protestantismus für zentrale Elemente der modernen Lebensführung möchte ich jetzt, im Anschluß an den Durchgang durch die Religions- und Herrschaftssoziologie, noch einmal aufgreifen. Und zwar mit dem Ziel einer erneuten Identifikation des roten Fadens, der sich durch das Werk Webers zieht.

Man kann zunächst resümierend festhalten, daß das Problem der Lebensführung und ihrer Rationalisierung für Weber zentral ist und den Kern seiner »Fragestellung« bildet. Dies zunächst in dem Sinne, daß Weber die Untersuchung der Rationalisierung von Weltbildern zugunsten lebenspraktischer Rationalisierungsprozesse vernachlässigt. Weber interessiert sich für den kapitalistischen »Geist«, aber »nicht wie er sich im Kopf ausbildete, sondern sich im Verhalten artikulierte«[23]. Der philosophische Rationalitätsbegriff wird mit »technischen« und »materiellen« Nebenbedeutungen aufgeladen und in diesem Sinne entzaubert.

Weiterhin entdeckt Weber, daß die »okzidentale Sonderentwicklung«, die den Gegenstand seiner Wißbegierde bildet, nicht nur wirtschaftliche und moralische Tatsachen, sondern die Totalität einer Kultur erfaßt. Dies kommt auch in der 1920 verfaßten

»Vorbemerkung« zu den religionssoziologischen Schriften zum Ausdruck, in der nicht nur der Ständestaat, die rationale Beamtenorganisation und die moderne Kapitalrechnung als Spezifika der westlichen Entwicklung aufgezählt werden, sondern auch die klassische Zentralperspektive in der Malerei oder »die rationale Verwendung des gotischen Gewölbes als Mittel der Schubverteilung und der Überwölbung beliebig geformter Räume [...]« (RS I: 2)

Von daher greift die Annahme etwas zu kurz, der zufolge es Weber allein um die Genese des modernen Kapitalismus und seiner Organisationsformen gegangen sei. Offensichtlich umfaßt das *Explanandum* seiner Untersuchungen mehr als nur eine bestimmte ökonomische Form, nämlich die »Gestalt« einer Zivilisation. Insofern die frühen Protestantismusstudien nicht einmal den modernen Kapitalismus selbst, sondern zunächst nur den »Geist des Kapitalismus« erklären wollen, bleiben sie hinter dem reifen Forschungsprogramm Webers auffällig zurück. Die *Protestantische Ethik* erhebt keineswegs den Anspruch, den Aufstieg des »Kapitalismus« durch die »Religion« zu erklären. Anstatt eine materielle Struktur durch eine Reihe von Ideen zu erklären, unternimmt es Weber, die Kausalbeziehungen zu untersuchen, die zwischen zwei *Sorten von Ideen* vermitteln, nämlich zwischen den *religiösen* Erlösungsideen des asketischen Protestantismus, besonders des Calvinismus, und den *ethischen* Lebensmaximen der frühen, nicht mehr an der »haushälterischen« Besitzstandswahrung, sondern am »Erwerb« orientierten Bourgeoisie.[24] Die von der ethischen Idee des »Berufs« durchdrungene »ökonomisch rationale Lebensführung« (RS I: 195) der Puritaner soll zunächst nicht die Genese des modernen Kapitalismus erklären, sondern bildet ihrerseits den Gegenstand eines Erklärungsversuchs, bei dem religiöse Dogmen die Rolle des *Explanans* übernehmen.

Hier betont Weber besonders die Eigenart der calvinistischen Gnadenwahllehre, die das psychologische Bedürfnis nach subjektiver Gewißheit der eigenen Erwähltheit hervorruft. Dieses Bedürfnis wird dadurch dramatisiert, daß die Kirche nicht mehr als Gnadenanstalt mit Absolutionskraft konzipiert wird: Gott gerät in unendliche Distanz zum Menschen und ist durch keinerlei magische oder sakramentale Mittel mehr »aus der Reserve« zu locken. Aus dieser Situation ergibt sich, wie Weber ausführt, eine (gattungs-)geschichtlich beispiellose Vereinsamung und »Spannung« (RS I: 114) des Individuums. Weil die Seligkeit weder sichtbar »geschenkt« wird noch sich durch gute Taten »erkaufen« läßt, bleibt als Ausweg, um den eigenen Gnadenstand zu erkennen, nur die methodisch durchgeführte Erwerbsarbeit als Selbstzweck und »Beruf«. Da das Außerweltliche unendlich fern ist, wird die *innerweltliche* Bewährung zum Zeichen der je eigenen Erwähltheit. Der Puritaner arbeitet nicht mehr, um zu leben, sondern weil er einen »Ruf« vernimmt und dafür auf die Reize des Erdendaseins – »Dämmerschoppen, Kränzchen und gemächliches Lebenstempo« (RS I: 51) – *verzichtet.* In der religiösen Semantik des asketischen Protestantismus wird also die subjektive Heilsgewißheit direkt an die soziale Selbstgewißheit angeschlossen, die sich aus der »Psychophysik« methodischer Berufsarbeit ergibt.

Ehe er die *sozialen* Breitenwirkungen des asketischen Charakters der frühkapitalistischen Wirtschaftsgenies in den Blick bekommt, untersucht Weber die »charakterologischen Folgen« (RS I: 181) bestimmter religiöser Ideen. Wir haben es folglich mit einer drei- oder sogar vierstelligen Kausalkette zu tun, in der die protestantisch inspirierte Ethik des bürgerlichen *Homo oeconomicus* eine intermediäre Stellung einnimmt.[25] Weber charakterisiert erst die religiösen Prämissen der asketischen Berufsidee bei Luther und Calvin, um sodann, in einem *zweiten* Schritt, den Einfluß dieser Idee auf die bürgerliche Unternehmerethik abzuwägen.[26] Davon wiederum zu unterscheiden ist die kausale Beziehung von kapitalistischem »Geist« und dem Kapitalismus selbst als einer sozialen »Form«. Gerade über die Durchführbarkeit dieses *dritten* Schrittes, also des Nachweises, daß die protestantisch inspirierte Ethik eine spezifische und notwendige *Ursache* der Entstehung des modernen Kapitalismus gewesen sei, ist sich Weber keineswegs völlig sicher.

Obgleich also Weber – im Unterschied zu manchen Zeitgenossen – nicht ausdrücklich den *Anspruch* formuliert, den Kapitalismus zu »psychologisieren«, scheint er die Annahme einer gewissen unabhängigen kausalen Wirkung des kapitalistischen Geistes sowohl für plausibel zu halten als auch tatsächlich plausibel zu machen.[27] Dabei formuliert er seine Annahmen über die kausale Reichweite moralischer Faktoren mit großer Vorsicht. Die Kritik an Weber, wie sie etwa von der neueren ökonomischen Entwicklungsforschung vorgetragen wird, verfehlt ihren Adressaten. So wird etwa darauf verwiesen, daß die konfuzianisch, buddhistisch oder shintoistisch geprägten Länder Ostasiens teilweise zu unerwarteten kapitalistischen Entwicklungssprüngen imstande gewesen sind. Aber Weber selbst vertritt die These, daß sich der moderne Kapitalismus nur in seiner weltgeschichtlichen Anfangsphase auf ethische Ressourcen stützte, während er sich, einmal konsolidiert, »von den alten Stützen emanzipiert hat« (RS I: 56). Ähnlich wie die Herrschaftssoziologie unterscheidet auch Webers Wirtschaftssoziologie strikt zwischen der *Genese* einer Ordnung, die auf wertrationale Motive angewiesen ist, und ihrer *Funktionsweise*, die von den Individuen nur noch Routine und braves Mitmachen verlangt. Anstatt von Normsetzungen abhängig zu sein, »zwingt« der Kapitalismus »dem einzelnen, soweit er in den Zusammenhang des Marktes verflochten ist, die Normen seines wirtschaftlichen Handelns auf« (RS I: 37).

Etwas stärker ist ein anderes Argument der historisch ausgerichteten Entwicklungsforschung, die zu Recht die sozialstrukturellen und institutionellen Voraussetzungen von Entwicklungsprozessen im Verhältnis zu »geistigen« Elementen aufwertet. Das überwiegend katholische Belgien wurde ebenso wie der katholische Norden Frankreichs oder Katalonien frühzeitig industrialisiert, während protestantisch geprägte Regionen, etwa in Ostpreußen, lange Zeit wirtschaftlich rückständig blieben. Historische Befunde dieser Art können tatsächlich, auch wenn sie nicht die Substanz der Protestantismusstudien treffen, gegen Prämissen geltend gemacht werden, von denen der junge Weber auszugehen scheint. Allerdings erweitert Weber selbst, im Anschluß an seinen »zweiten Durchbruch«, den Rahmen seiner Analyse des Okzidents: *erstens*, indem er seine Aufmerksamkeit verstärkt auf nichtreligiöse Elemente der westlichen Sozialentwicklung richtet, angefangen von der Entwicklung des Rechtssystems, der Militär- und Verwaltungsstrukturen bis hin zum »individualistischen« Feudalismus des okzidentalen Mittelalters[28]; und *zweitens*, indem er nichtreligiöse Variablen auch für die Erklärung der Religionsentwicklung selbst hinzuzieht und zu einer Analyse von makroskopischen *Konstellationen* übergeht, in der religiöse Ideen ebenso berücksichtigt werden wie soziale Strukturen und Interessen.[29] Dadurch verändert sich das relative Gewicht von Ideen innerhalb der Gesellschaftsgeschichte: Eine unabhängige kausale Effektivität konnte der asketische Protestantismus erst auf der Basis einer schon vorhandenen, durch »mittelständische« Handwerker und Händler geprägten städtischen Struktur entfalten, wie sie sich besonders in England, Schottland oder der Schweiz herausgebildet hatte. Eine bereits wirksame rationale ökonomische Praxis wurde, so läßt sich der späte Weber deuten, machtvoll *intensiviert*, indem ihr – gleichsam zusätzlich – ein neuer religiöser und lebensreformatorischer Sinn beigelegt wurde.[30]

Die wirklichen inhaltlichen Grenzen der *Protestantischen Ethik* liegen an einer anderen Stelle. Insbesondere ist in jüngerer Zeit Webers These einer Kontinuität von mönchischer Klosteraskese und Puritanismus kritisiert worden. Nach Weber riß das reformierte Christentum lediglich den »Damm« ein, der das Alltagsleben im Mittelalter vor dem »Herausfluten der Askese« (RS I: 119 f.) aus den Klöstern schützte. Diese plastisch formulierte These findet sich ebenfalls in *Wirtschaft und Gesellschaft* wieder:

»Das ›methodische‹ Leben: die rationale Form der Askese, wird [...] aus dem Kloster in die Welt übertragen. Die asketischen Mittel sind im Prinzip die gleichen: Ablehnung aller eitlen Selbst- oder anderen Kreaturvergötterung, der feudalen Hoffart, des unbefangenen Kunst- und Lebensgenusses, der ›Leichtfertigkeit‹ und aller müßigen Geld- und Zeitvergeudung, der Pflege der Erotik oder irgendwelcher von der rationalen Orientiertheit auf Gottes Willen und Ruhm, und das heißt: auf rationale Arbeit im privaten Beruf und in den gottverordneten sozialen Gemeinschaften, ablenkenden Beschäftigung.« (WG: 719)

Dagegen ist eingewendet worden, daß die historischen Puritaner keineswegs das mönchische Leben verallgemeinerten, sondern eine bestimmte Balance von Nüchternheit und Spontaneität anstrebten, die auch die Erotik mit einbezog (sofern sie auf die Ehepartner beschränkt blieb): »Zumindest in einer Hinsicht hat sich Weber völlig getäuscht. Der Puritanismus ist zutiefst von einer Ethik beseelt, die weltbejahend ist. In ihrer Philosophie der Ehe, einer der wichtigsten Lebensbereiche für den Puritanismus, fordern Prediger und Theologen die spontane Freude, die sexuelle Befriedigung und das Vergnügen aneinander [...]. Der Puritanismus kann daher nicht als eine durch und durch asketische Religion gelten.«[31] Offensichtlich ist Weber also puritanischer als die Puritaner, wenn er ihre Lebensideale als durchgängig weltverneinend darstellt.

Als Schlußfolgerung ergibt sich, daß die *Protestantische Ethik* weder den »ganzen« Weber enthält noch die vollständige Fragestellung seines Werkes. Sowohl das *Explanandum* (»wirtschaftlich rationale Lebensführung«) als auch das *Explanans* (»magische und religiöse Mächte«) sind eigentümlich beschränkt, und erst recht strittig sind einige der Schlüsse, die Weber zieht. Wichtig sind die Protestantismusstudien aus anderen Gründen. Mögen manche Erklärungen Webers auch unbefriedigend sein, so ist ihm doch zugute zu halten, daß er überhaupt die Erklärungsbedürftigkeit bestimmter sozialer Phänomene betont. Was Werner Sombart an Marx bewunderte, nämlich daß er »so meisterhaft zu fragen verstand«[32], darf auch an Weber bewundert werden. Dieser versieht etwas bisher für selbstverständlich Gehaltenes, nämlich das nutzenorientierte Marktsubjekt der klassischen und neoklassischen Ökonomie, mit einem Fragezeichen. Der Ausgangspunkt der theoretischen Nationalökonomie wird fragwürdig und als Endpunkt einer historischen Entwicklung bestimmt; dabei wird das »Individuum« seiner scheinbar undurchdringlichen Kompaktheit beraubt und zum Ort von Selbstpraktiken erklärt.

Weber steht wenigstens so weit außerhalb der Selbstverständlichkeiten des modernen Soziallebens, daß er sich eine Empfindung bewahrt für das »*Irrationale* dieser Lebensführung, bei welcher der Mensch für sein Geschäft da ist, nicht umgekehrt« (RS I: 54). Er möchte nicht nur das beobachtbare Verhalten auf innere Motive zurückführen, sondern auch die Motive als Kennzeichen eines spezifischen »Geistes« dechiffrieren. Vielleicht bildet diese Entdeckung den ersten wirklichen Durchbruch Webers nach seiner Krise zu Beginn des Jahrhunderts, also die Entdeckung,
1. daß es so etwas wie eine prägende Mentalität und »innere Gestaltung« (SS: 470) des Kapitalismus gibt,
2. daß diese sich unterscheidet etwa von der Seeräuberethik des Odysseus (RS III: 59) – ein Unterschied, den die Autoren der *Dialektik der Aufklärung*[33] schon nicht mehr gemacht haben –, und 3. daß sie historisch erklärungsbedürftig ist.

Der Kern dieser Mentalität besteht in der Abwertung aller »traditionalen« und »affektuellen« Handlungselemente zugunsten einer »Zweckrationalität«, die von nun an die gesamte Lebensführung regiert. »Zweckrationalität« bedeutet genaugenommen, daß es keine (letzten) Zwecke mehr gibt, für welche man arbeitet, insofern nämlich alle Zwecke transformiert werden in Mittel für weitere Zwecke, und so weiter ad infinitum. Der Idealtyp des zweckrational denkenden Wirtschaftsmenschen verliert sein Herz nicht an die Dinge, die er erwirbt oder produziert, und ebensowenig kann er sich die »Brüderlichkeit« etwa des antiken Christentums leisten. Insofern der Eigenwert der Dinge in Kosten-Nutzen-Kalküle aufgelöst wird, ist diese Mentalität radikal amoralisch. Aber diese Amoralität, deren Genealogie Weber nachzeichnet, ist unmittelbar als solche auch eine Moral, weil sie nicht nur die Welt, sondern das Individuum selbst als »ethisch zu formendes Material« (RS I: 521) begreift und damit einen neuen Begriff der »Persönlichkeit« schafft:

»[...] je ›freier‹ [...] das ›Handeln‹ ist, d.h. je weniger es den Charakter des ›naturhaften Geschehens‹ an sich trägt, desto mehr tritt damit endlich auch derjenige Begriff der ›Persönlichkeit‹ in Kraft, welcher ihr ›Wesen‹ in der Konstanz ihres inneren Verhältnisses zu bestimmten letzten ›Werten‹ und Lebens-›Bedeutungen‹ findet, die sich in ihrem Tun zu Zwecken ausmünzen und so in teleologisch-rationales Handeln umsetzen, und desto mehr schwindet also jene romantisch-naturalistische Wendung des ›Persönlichkeits‹gedankens, die umgekehrt in dem dumpfen ungeschiedenen vegetativen ›Untergrund‹ des persönlichen Lebens [...], welche die ›Person‹ ja doch mit dem Tier durchaus teilt, das eigentliche Heiligtum des Persönlichen sucht.« (WL: 132)

Diese Formulierung, die keineswegs zufällig in der *Wissenschaftslehre* zu finden ist (aber eigentlich überall in Webers Schriften stehen könnte), verweist auf eine eigentümliche Einheit von Moralität und Amoralität, Lebensführung und Rationalität. Weber verschleiert kaum seine Bewunderung für die »stahlharten puritanischen Kaufleute jenes heroischen Zeitalters des Kapitalismus« (RS I: 105), das er analysiert. Das Drama der Gegenwart besteht für ihn nur darin, daß diese *Einheit von amoralischer Außenorientierung und moralischer Selbstbearbeitung* zerbricht, die Rationalität sich zum »Gehäuse« ausformt und zugleich das Individuum sich seiner »vegetativen« Ausgangsbasis wieder annähert.

Der Versuch von Wilhelm Hennis, den originellen Begriff der Lebensführung aus dem Kranz von zusätzlichen Konzepten herauszulösen, in den er eingeflochten ist, stößt auf Einwände, die sich bei Weber selbst finden lassen. Die Entwicklung einer Idee, schreibt Weber, »vollzieht sich nicht wie die einer Blume« (RS I: 38), und diese gegen den evolutionistischen Marxismus der Zweiten Internationale gerichtete Aussage gilt ebenso für Webers eigene »Idee« der Dynamik einer spezifisch okzidentalen Lebensführung. Völlig zu Recht ist daher gefragt worden, warum eigentlich die Arbeiten Webers »als ein Ganzes und dann noch aus *einer* leitenden Fragestellung heraus verständlich sein«[34] sollen. Die okzidentale Lebensführung ist teils *Explanans*, teils *Explanandum*, ihr Begriff ist eingebunden in ein sich entwickelndes Forschungsprogramm und korrespondiert mit anderen Begriffen. Gerade weil es zutreffend ist, daß sich Weber stärker für den »Geist des Kapitalismus« als für den Kapitalismus selbst (als ökonomisches System) interessiert, muß der Begriff der Lebensführung vor einer gemütsphilosophischen Verwässerung geschützt werden.

Dazu scheint es mir insbesondere notwendig zu sein, ihn nicht gegen den Machtbegriff abzuschotten.[35] Gerade durch die Identifizierung eines nicht an die Funktionsweise staatlicher Apparate gebundenen Machtbegriffs unterhalb der formalisierten »Herrschaft« ist es Weber möglich, das anscheinend Persönliche und Subjektive der »Ethik« in quasikriegerische Termini zu übersetzen. Der Text der *Protestantischen Ethik* ist gespickt mit einem »Kampf«-Vokabular (RS I: 38, 86, 105 u.a.), und Weber zeigt sich überzeugt, daß kein »Geist«, auch nicht der des Kapitalismus, über den Parteien steht, sondern sich vielmehr stets »gegen eine Welt feindlicher Mächte« durchsetzen muß. Die »stahlharten« puritanischen Händler bilden ebenso wie die charismatischen Politiker etwa vom Schlage des britischen Premierministers Gladstone oder die »berufenen« Wissenschaftler eine Art moderne Kriegerkaste, und man hat zu Recht von einem *»vocational equivalent of war«* gesprochen, um Webers Begriff der modernen Lebensführung zu charakterisieren: »Webers Bild veranlaßt uns zu der Schlußfolgerung, daß sie [d.h. die Puritaner im weiten Sinne, VH] auch die Erben der kriegerischen Tradition des Adels sind. Für Weber bildet diese weltbeherrschende, innovative Macht das Wesen des Okzidents, den Schlüssel seines Erfolges und seiner Eigenart sowie etwas, das gegen jene zugleich irrationalen *und* rationalen, destruktiven *und* bürokratisch kontrollierenden Kräfte verteidigt werden muß, die sie zu unterminieren oder zu lähmen drohen.«[36]

Glauben und glauben machen

Die Kernaussagen der *Protestantischen Ethik* möchte ich noch einmal wie folgt zusammenfassen: Auf eine sozial folgenreiche Art und Weise hat die reformatorische Weltauslegung einerseits das Diesseits vollständig entsakralisiert (»Entzauberung der Welt«), andererseits die diesseitige Ordnung der alltäglichen Lebensführung mit Hilfe des »Berufs«-Gedankens an das Jenseitsschicksal gebunden. Die dadurch hervorgerufene Haltung aktivistischer Weltverneinung hat Weber zufolge historisch unwahrscheinliche Verhaltensmuster stabilisiert, wie sie von den neuzeitlichen Erwerbsmenschen, besondern den Unternehmern, verkörpert werden. Während Weber für die Entstehungsphase des modernen Betriebskapitalismus die motivprägende Rolle des religiösen Rationalismus hervorhebt, beobachtet er im reifen Kapitalismus eine *Abkopplung* des wirtschaftlichen Handelns von ethischen Grundlagen. Die moderne, gottfremde Gesellschaft der Gegenwart ist demnach die paradoxe Langzeitfolge von intellektuell-praktischen Rationalisierungsanstrengungen, die von organisierten Menschengruppen (Sekten und religiös-sozialen Bewegungen) unter dem Gesichtspunkt eines hypothetischen Jenseitsschicksals unternommen wurden.

In dieser Rückführung eines verselbständigten Gesellschaftsbegriffs auf ein erweitertes Begriffsschema, in dem sowohl religiöse Jenseitsmächte wie auch innere und äußere Naturen vorkommen, liegt die theoretische Bedeutung von Webers Protestantismusstudien.

Die Arbeiten Webers zur protestantischen Ethik können als das Ergebnis einer »heroischen Selbsttherapie« bezeichnet werden, die ihn aus den Verliesen seiner Nervenkrankheit geführt hat.[37] Erst einige Jahre später jedoch erblickte Weber, wenn man so sagen darf, das Licht seiner eigentlichen Fragestellung: Wo liegen die Ursachen der »occidentalen Sonderentwicklung«[38] der Lebensführungen und Weltbilder? An dieser Frage sind die Arbeiten orientiert, die er um das Jahr 1909 herum in Angriff nimmt. Dies gilt auch für einige nur scheinbar periphere Texte wie z.B. die Studie über die *Agrarverhältnisse im Altertum* (1909) oder die Untersuchung *Zur Psychophysik der industriellen Arbeit* (1908/09). Weber interessiert sich für die äußeren Tatsachen des modernen Kapitalismus und seiner Genealogie ebenso wie für die subjektiven Haltungen, die die Individuen diesen Tatsachen gegenüber einnehmen. Dabei erweitert er seinen Blick über die Besonderheiten der westlichen Religions- und Wirtschaftsentwicklung hinaus auf die besonderen politischen und juristischen Formen des Okzidents sowie die sozialen Lebensordnungen von der Familie über die Stadt bis zum Staat.

Diese Erweiterung des Blicks auf die gesamte okzidentale Kultur markiert nach Wolfgang Schluchter einen *»zweiten Durchbruch«* in der theoretischen Entwicklung Webers. Während der erste Durchbruch mit der Lektüre Heinrich Rickerts verknüpft gewesen sei, beruhe der zweite Durchbruch auf einer lange unterschätzten »Entdeckung« Webers. – »Worin bestand diese Entdeckung? Auf eine kurze Formel gebracht: darin, daß nicht nur die Ökonomie, sondern die ganze moderne okzidentale Kultur von einem spezifischen Rationalismus durchdrungen ist. Nicht zuletzt aufgrund von Forschungen auf dem Gebiet der okzidentalen Musikgeschichte hatte sich für Weber dieser überraschende Zusammenhang ergeben. Denn daß auch die ästhetische Sphäre mit ihrem von Grund auf nichtrationalen Charakter unter dem Einfluß jenes Rationalismus der Weltbeherrschung stehen könnte, lag zunächst nicht in seinem Erwartungshorizont [...].«[39] Nur der Westen, so bemerkt Weber plötzlich, kennt zum Beispiel eine akkordharmonisch rationalisierte Musik, obgleich doch andere Völker eine wahrscheinlich viel intensivere Musikkultur entwickelt haben.

Erst im Zusammenhang mit der Entdeckung der Rolle der Musik, der er 1910/11 eine kleine »Grundlagenstudie«[40] widmet, vollzieht Weber auch eine Rückkehr zur Religionssoziologie. Um die Besonderheit des Westens angemessen »verstehen« und »erklären« zu können, sieht er sich jetzt genötigt, über die eigene Kultur hinauszugehen und sich der Untersuchung des »Orients« zuzuwenden. Mit dem Ziel einer vergleichenden Typologie des religiösen Rationalismus vor Augen, nimmt sich Weber die Untersuchung der »Kulturreligionen« Konfuzianismus, Hinduismus und Buddhismus, antikes und mittelalterliches Judentum, älteres und neueres Christentum sowie des Islam vor. Die Vergleichbarkeit dieser Religionen beruht darauf, daß sie alle, erstens, kohärente »Systeme der Lebensreglementierung« ausgebildet haben und, zweitens, jeweils »besonders große Mengen von Bekennern um sich zu scharen gewußt haben« (RS I: 237). Eine Ausnahme bildet in dieser Hinsicht lediglich das Judentum. Alle genannten Religionen drängen den magischen Pantheismus zurück, ersetzen den Zauberer durch den Priester und das esoterische Situationswissen durch konsequentes Heilswissen.

Allen Religionen ist überdies gemeinsam, daß sie versuchen, die Präsenz des Unglücks und des sinnlosen menschlichen Leids mit den moralischen Erwartungen der Menschen an die Welt in Übereinstimmung zu bringen. Weber nennt dies das *»Problem der Theodizee«*, das sich in besonderer Schärfe für die großen monotheistischen Religionen stellt: Wie läßt sich die Existenz eines allmächtigen Gottes mit der für alle sichtbaren Unvollkommenheit der Welt vereinbaren? Weber untersucht typische Lösungen dieses quälenden Problems, die geeignet sind, das menschliche Bedürfnis nach Sinn und Rechtfertigung in einem Meer manifester Sinnlosigkeit zu stillen. Prominent sind in der Geschichte besonders »messianische Eschatologien«, die sich an die jeweiligen Zeitgenossen wenden, um ihnen oder einer künftigen Generation gottgefälliger Nachfahren eine »politische und soziale Umgestaltung des Diesseits« zu versprechen, die dem Leiden ein Ende setzt. Faszinierend ist außerdem die calvinistische Prädestinationslehre, die das Theodizeeproblem bewußt *nicht* löst, indem sie das Anlegen der menschlichen Maßstäbe »kreatürlicher Gerechtigkeit« an das mutmaßliche Handeln Gottes zu einem Frevel erklärt, um auf diese Weise die Spannung zwischen einem schwer erträglichen Diesseits und einem unergründlichen Jenseits auf die Spitze zu treiben. (vgl. WG: 314-319)

In allen diesen Versuchen des Durchdenkens von Sinndefiziten erscheinen die großen Religionen als außerordentlich »konsequent«, und diese Konsequenz ist für Weber gleichbedeutend mit ihrer je besonderen »Rationalität«. Das im ökonomischen Sinne »rational« verstehbare Handeln (»zweckrationales Handeln«), wie es der Protestantismus sozialgeschichtlich begünstigt hat, um auf Sinnbedürfnisse zu reagieren, ist also nur eine von mehreren Spielarten innerhalb einer breitgefächerten Typologie des Rationalismus.

»Religion« als Lebenssystem ist somit ein paradigmatischer soziologischer Gegenstand. Denn sie ist die erste gesellschaftliche Macht, die »auf die Lebensführung und die Wirtschaft« der Völker *»stereotypierend«* (WG: 249) gewirkt und berechenbare soziale Handlungsabläufe geschaffen hat; zugleich erlaubt sie wie keine andere Macht jene »deutende Erklärung«, die nach Weber für die soziologische Erkenntnis spezifisch ist. (vgl. WG: 7) Warum? Weil das stereotype, durch Heiligkeitsbegriffe geprägte Verhalten – im Unterschied zum ökonomischen oder bürokratischen Routinehandeln – vollständig von dem Sinn durchdrungen ist, den die religiös gestimmten Individuen in es »hineinlegen«. Webers Ansatz ist also objektivierend, ohne kritisch-»entlarvend« zu sein, und er ist subjektivierend, ohne die Motive der Gläubigen beim Wort zu nehmen. Entscheidend ist vielmehr dies: Erst die Religion schafft »wirkliche letzte Motive« (WL: 503) des Handelns und damit Quellen der Systematisierung der Lebensführung. (Sie mag darüber hinaus auch »Illusionen« schaffen, wie die moderne Religionskritik behauptet hat. Illusionen lassen sich jedoch nur aus der Perspektive einer »entzauberten Welt« identifizieren, die selbst religionsgeschichtliche Ursprünge hat.)

Die entwickelte Religionssoziologie Webers, wie sie im gleichnamigen Kapitel von *Wirtschaft und Gesellschaft* sowie in der *Wirtschaftsethik der Weltreligionen* vorliegt, beschränkt sich im Unterschied zur *Protestantischen Ethik* nicht auf eine Bestimmung der

Kausalität, die vom religiösen Glauben zur bürgerlichen Wirtschaftsgesinnung führt. Vielmehr werden jetzt auch umgekehrte Kausalannahmen relevant, und sowohl die Wirkungen der sozialen Struktur des Glaubensbetriebs als auch dessen herrschaftssoziologisches Umfeld geraten ins Blickfeld. Weber ist weit davon entfernt, die Gesellschaftsgeschichte auf ein konstantes Set von »Ursachen« zurückzuführen und zu behaupten, daß nun Technik, Religion oder Politik den Ehrentitel einer primären Ursache verdienen. Statt dessen sind wir mit einem Denken in Konstellationen von Mächten konfrontiert, die allesamt in Bewegung sind. In einem Vortrag hat Weber diese dynamische Auffassung sehr deutlich dargestellt:

»Ich möchte, ohne das weiter auszuführen, nur gegen den [...] hier gefallenen Ausdruck, daß irgend etwas, heiße es Technik, heiße es Oekonomik, die ›letzte‹ oder ›endgültige‹ oder ›eigentliche‹ Ursache von irgend etwas sei, Protest einlegen. Wenn wir uns die Kausalkette vorlegen, so verläuft sie immer bald von technischen zu ökonomischen und politischen, bald von politischen zu religiösen und dann ökonomischen usw. Dingen. An keiner Stelle haben wir irgendeinen Ruhepunkt.« (SS: 456)

Konkret führt die Erweiterung seines Forschungsprogramms Weber zunächst zu einer Verknüpfung des Rationalisierungsthemas mit einer Soziologie der *Intellektuellenschichten*. Parallel dazu variiert er das Thema der religiös motivierten »Rationalisierung des Lebens« (WG: 250), indem er das Konzept der asketischen oder mystischen *Selbstpraktiken*, etwa in Mönchsgemeinschaften, ausarbeitet.[41]

Bereits der prähistorische Geisterglaube setzt eine soziale Differenzierung von Zauberern und Laien sowie diverse orgiastische Techniken der Erzeugung psychischer Ausnahmezustände voraus. Hier vermutet Weber übrigens auch den gattungsgeschichtlichen Ursprung der Musik. (vgl. WG: 246) Die Religionssoziologie entwickelt die Differenz von Alltag und Außeralltäglichkeit, die auch in der Herrschaftssoziologie von zentraler Bedeutung sein wird. Diese Differenz läßt sich keineswegs bruchlos auf die Unterscheidung von religiösen »Fachmenschen« und Laien übertragen. Der »Priester« unterscheidet sich vielmehr vom »Zauberer« dadurch, daß seine außeralltägliche Begabung zur Seelenführung an Berufsqualifikationen und einen geordneten »Kultusbetrieb« gebunden ist. Dadurch büßt der priesterliche Heilsbetrieb etwas von seiner außeralltäglichen Qualität ein. Überall, wo es den Priester-Intellektuellen gelingt, ihre Amtsmacht zu konsolidieren, besteht die Chance zur Ausbildung einer durchdachten religiösen Ethik. Allerdings bedarf es neben der priesterlichen noch einer weiteren, diesmal rein außeralltäglichen Macht, damit eine verbindliche Rationalisierung der Ethik einsetzen kann. Diese außeralltägliche Figur ist der charismatische *Prophet* als Träger einer zeitwendenden, anti-traditionalistischen Offenbarung.

»Leben und Welt, die sozialen und die kosmischen Geschehnisse, haben für den Propheten einen bestimmten, systematisch einheitlichen ›Sinn‹, und das Verhalten der Menschen muß, um ihnen Heil zu bringen, daran orientiert und durch die Beziehung auf ihn einheitlich sinnvoll gestaltet werden.« (WG: 275)

Weber folgt den Grundbegriffen seiner *Wissenschaftslehre* und seiner Handlungstheorie, wenn er die »Welt« zunächst als einen Nonsense ansieht, in den erst nachträglich Sinn »hineingelegt« werden muß. Die Menschen folgen einer »inneren Nötigung« (WG: 304), wenn sie Sinn fabrizieren und sich damit in einer jeweils bestimmten Weise zur Welt in Beziehung setzen. Diese anthropologische Aussage wird aber sogleich »soziologisiert«, indem soziale »Trägerschichten« des religiösen Rationalismus identifiziert werden. Weber möchte der Gefahr einer menschentümelnden »Anthropologisierung« des Religiösen entgehen, ohne der umgekehrten Gefahr eines soziologischen Reduktionismus zu erliegen. Worin bestünde also eine angemessene soziologische Zurückführung des religiösen Sinns auf soziale Träger? Eine erste Hypothese, die die »äußere Nötigung« der Glaubens-Subjekte zum Gegenstand hat, lautet wie folgt: Jede soziale Gruppe wird durch ihre objektive soziale Lage genötigt, die Welt und sich selbst in einer vorgezeichneten Weise zu deuten *(Hypothese 1)*.

Weber operiert mit einer abgeschwächten Version dieser Hypothese, indem er »harte« Kausalannahmen durch »weiche« Wahrscheinlichkeitsannahmen ersetzt. Er verwendet dabei den Begriff des »wahlverwandtschaftlichen« Verhältnisses von sozialen Gruppen, religiösen Ethiken und Lebensführungen. Die Metapher der »Wahlverwandtschaften«, die ursprünglich der Chemie entstammt und in Goethes gleichnamigem Roman der Beschreibung menschlicher Verhältnisse dient, bezeichnet auch bei Weber eine eigenartige zwischenmenschliche Kausalität: A »entscheidet« sich zu einer Verwandtschaft mit B – aber diese Entscheidung ist bereits Element und Indiz der Verwandtschaftsbeziehung. Weber »entzaubert« und entlehnt diesen Begriff, um das Verhältnis von Klassenlagen und (religiösen) Motivlagen zu charakterisieren.

Die erste Unterscheidung, die er in diesem Zusammenhang einführt, ist die zwischen plebejischen Schichten und Herrenschichten sowie den ihnen jeweils zurechenbaren Typen von Religiosität. Plebejische Schichten demonstrieren quer durch die Geschichte eine Wahlverwandtschaft zu asketischen und moralistischen Erlösungsideen und zu Religionen jenseitszentrierter Weltablehnung. Es sind diese Religionen, denen Weber das größte praktisch-ökonomische Rationalisierungspotential zuspricht. Allerdings läßt sich der soziale Schematismus von Plebejern und Herren nicht auf den typologischen Schematismus von weltablehnenden und weltbejahenden Religionen übertragen. Es gibt nämlich auch vornehme Arten der religiösen Weltablehnung, die regelmäßig dort entstanden sind, wo Herrenschichten vom aktiven Handeln entlastet waren, wie z.B. in Südasien.

Beispielhaft für einen solchen vornehmen Stil der Weltablehnung ist vor allem der Buddhismus, der auf Weber übrigens eine gewisse Anziehungskraft ausübt. Weber verteidigt den Buddhismus gegen Nietzsche als das »radikalste Gegenteil jedes Ressentimentmoralismus« (WG: 304) und gelegentlich auch als Ausdruck einer intellektualistischen Kriegerkaste. Indem der Buddhismus mit unüberbotener Konsequenz das Prinzip des rationalen, zielgerichteten Handelns verwirft und statt dessen Selbstpraktiken der ekstatischen Versenkung kultiviert, hat er – im direkten Gegensatz zum europäischen Mönchtum – die soziale Entwicklung einer ökonomisch hochmotivierten Lebensmethodik in großen Teilen der Erde machtvoll gebremst. Seine zahlreichen konventionellen Regeln und Praktiken, wie etwa das »Verbot des Schmatzens beim Essen«, waren, wie Weber ausführt, stark wahlverwandt mit den materiellen Lebensbedingungen »wohlerzogener Intellektueller« (RS II: 244).

Im übrigen neigen jedoch soziale Herrenschichten normalerweise zu weltbejahenden, erlösungsfreien Religionen, die weder eine ethische Prophetie noch die Idee eines radikal Bösen kennen und das Diesseits konsequent »verzaubern«. Das prominenteste Beispiel für eine solche Religion ist der chinesische Konfuzianismus, den Weber als das typologische Gegenteil des asketischen Protestantismus beschreibt. (RS I: 512-536)[42]

Dieser bildet in zweifacher Hinsicht eine plebejische Konstruktion: Einerseits verneint er die Welt, andererseits ergreift er die *Flucht nach vorn* und entwickelt eine aktivistische Ethik des wirtschaftlichen Handelns, die sich gegen den Heilsaristokratismus der westlichen und östlichen Mönche richtet. Die systematische Ablehnung und Entwertung der Welt ist also nicht identisch mit der *Abkehr* von der Welt, wie sie die indischen Erlösungsreligionen und noch das mittelalterliche Christentum in seinen sektiererischen Varianten praktiziert haben. Vielmehr sind für Weber sowohl das Judentum als auch der asketische Protestantismus Beispiele dafür, wie die Weltablehnung zugunsten eines theoretisch durchkonstruierten »Jenseits« mit aktivistischen Prinzipien der Diesseitsorientierung einhergehen kann. Erst hier ist die Welt nicht mehr nur der negative Bezugspunkt einer Fluchtbewegung, sondern das »ethisch zu formende Material« (RS I: 521) einer, wie Weber sagt, »innerweltlichen« Askese.

Nur plebejische Schichten haben sich historisch als fähig erwiesen, die Welt auf ein bedeutungsleeres, »entzaubertes« Diesseits zu reduzieren, in dem allenfalls ausnahmsweise noch Zeichen und Wunder auftreten. Weber präzisiert diese soziologische Verortung sogleich, indem er allein den *städtischen* Plebejern ein rationalistisches Talent zuspricht. Die Bauern erweisen sich als unbegabt, über die magische Religiosität der Urzeiten hinauszugelangen. Als Grund nennt Weber ihre Abhängigkeit »von organischen Prozessen und Naturereignissen« (WG: 285) sowie ihre bis in seine Zeit relativ unsystematische Ökonomie. Die wichtigste Ausnahme von dieser Regel der Magiebefangenheit der Bauern bildet das antike Judentum, das auf seßhafte Bauern und Wanderhirten zurückgeht, die sich gegen das grundherrschaftliche Regime des Stadtpatriziats in Palästina zur Wehr setzen mußten. Weber zeigt hier wie auch in anderen Zusammenhängen, daß die prophetische Erlösungsreligion eine »methodisch lebensorientierende Macht« (RS I: 458) schafft und insofern mehr ist als eine illusionäre Rache der ökonomisch Schwachen an den Starken. Die Religion ist, auch wenn sie von notorisch friedlichen Gruppen wie den unbewaffneten Viehzüchterstämmen des alten Israels getragen wird, ein kriegerisches Rüstzeug:

> »Furchtbar hallen namentlich die Klagen und das Rachegeschrei der Psalmisten gegen diese Reichen oder, wie sie bezeichnend genannt werden, ›Fetten‹, die also auch im Namen ganz dem ›popolo grasso‹ der mittelalterlichen italienischen Terminologie entsprachen. Und wie nach der Tradition einst schon um Abimelech und dann um David, so scharen sich jetzt um Judas Makkabäus die Unterdrückten und zwar vor allem: die Schuldsklaven, als seine Gefolgschaft und schlachten mit ihm die Gottlosen [...] ab.« (RS III: 37 f.)

Freilich bilden auch im Judentum die Bauern und Hirten nur vorübergehend die Träger der Erlösungsreligion, die in der Zeit nach dem babylonischen Exil mehr und mehr vom städtischen Kleinbürgertum ausgearbeitet wird. Beiläufig erwähnt Weber Salbenhändler, Kontraktarbeiter, Schmiede und andere Handwerker. Auch die frühchristliche Gemeindereligiosität, die sich im Kontext der paulinischen Missionsarbeit herauszubilden begann, wurde von städtischen Plebejern getragen, wobei Weber in einer separaten Studie die spezifisch okzidentale Eigenart des Städtischen hervorhebt: den Gemeinde- und »Verbands«-Charakter der westlichen Stadt, die Abschwächung der ständischen Differenzierung, die Verbrüderungssymbolik, die ökonomische und militärische Eigenständigkeit gegenüber den »legitimen« Gewalten etc.[43]

Die städtischen Kleinbürger und Laienintellektuellen, die sich als Träger einer rationalen Religiosität mit lebensmethodischen Konsequenzen identifizieren lassen, werden von Weber soziologisch zergliedert, bis einige Widersprüche zutage treten. So taucht das Problem auf, daß gerade in der plebejischen Schicht der Kleinbürger »die größten Gegensätze nebeneinander« (WG: 293) bestehen. Das Handwerkertum hat im Orient animistische und orgiastische Formen der Religiosität hervorgebracht, während es im Westen die wichtigste Stütze der christlichen Gemeindereligiosität und zugleich eine wichtige Rekrutierungsbasis der christlichen Mönche und Missionare war. Erst mit der Einbindung in den Kontext der okzidentalen Stadt entwickelte sich eine (zwar »in keiner Weise eindeutige«, aber doch gerichtete) Kausalität von der »ökonomischen Lebensführung« der Handwerker und Kleinhändler zur »rationalen, ethischen Religiosität« (WG: 294). Diese eigentümliche Wahlverwandtschaft wird von Weber nicht nur aus der abstrakten Klassenlage der Gläubigen abgeleitet, sondern auch aus der ganz konkreten »Führung« der materiellen Lebensvorgänge. Dabei ist ein Widerhall des Interesses zu vernehmen, das er für die »Psychophysik« von Arbeitsprozessen hegt:

»Der Handwerker speziell hat ferner während der Arbeit wenigstens bei gewissen, in unserem Klima besonders stark stubengebundenen Gewerben – so in den Textilhandwerken, die daher überall besonders stark mit sektenhafter Religiosität durchsetzt sind, – Zeit und Möglichkeit zum Grübeln. Selbst für den modernen maschinellen Webstuhl trifft dies in begrenztem Umfange unter Umständen noch zu, vollends aber für den Webstuhl der Vergangenheit. Überall, wo die Gebundenheit an rein magische oder rein ritualistische Vorstellungen durch Propheten oder Reformatoren gebrochen wird, neigen daher die Handwerker und Kleinbürger zu einer Art von freilich oft sehr primitiver, ethischer und religiös rationalistischer Lebensbetrachtung.« (WG: 294)

Die abendländischen Handwerker bildeten also zusammen mit den Händlern die plebejische Basis des Christentums als einer moralistischen Lebensführungsmacht, die die Moderne vorbereiten half. Der eigentümliche »Handwerksburschenintellektualismus« (WG: 308) und die Handwerkertradition des Wanderns qualifizierte die Trägerschichten des christlichen Bekenntnisses zugleich für die *Missionierung* der nichtchristlichen Regionen des europäischen Nordens. Die Missionierung ist die zweite Form, die die »äußere Nötigung« von Individuen zum Glauben annehmen kann: Bestimmte Trägerschichten des religiösen Rationalismus erobern ein Monopol auf die »Erlösungswege« und die Deutung der Welt und nötigen andere Gruppen mit psychotechnischen Mitteln zur Übernahme dieser Deutung und der entsprechenden Lebensreglements *(Hypothese 2).*

Auch diese Hypothese wird von Weber verwendet, allerdings mit den Einschränkungen, die sich aus *Hypothese 1* ergeben (soziale Grenzen der Missionierbarkeit). Tatsächlich stellt er fest, daß die ethischen und lebensorganisierenden Tendenzen verschiedener Religionssysteme durch »priesterliche Interessenten eines Kultus in Bewegung gesetzt werden« (WG: 261). Weber analysiert die religiöse Missionierung analog zur Legitimierung in der Herrschaftssoziologie als ein quasikriegerisches Phänomen. Das heißt, daß Priester wie auch andere religiöse Sozialcharaktere als Teile eines Kraftfeldes verstanden werden müssen. Sie sind integriert in ein Kraftfeld, das sich aus den »gegenseitigen Beziehungen von Priestern, Propheten und Nichtpriestern« (WG: 275) ergibt – wobei »Nichtpriester« sowohl Laien als auch Mönche sein können. Von den Mönchen heißt es ausdrücklich, daß sie überall als eine »Elitetruppe« religiöser Virtuosen aufgetreten seien. Ihre »konsequenteste Organisation« erleben sie folglich »in Feindesland: auf dem Missionsgebiet, handle es sich um innere oder, und namentlich, äußere Mission« (WG: 697).

Die bisherige Darstellung legt ein »wahlverwandtschaftliches« Verhältnis zwischen dem *Demos* der frühen städtischen Siedlungen im Westen und der rationalen, antimagischen Religiosität von Juden und Christen nahe. Aber das Verhältnis von »Rationalität« und »Demokratie« ist weitaus verzwickter. Bereits Jahwe, nach Weber ein typisch plebejischer Gott, mußte dem Volk oktroyiert werden. Und zwar oftmals, wie Weber anmerkt: »gegen Widerstand« (RS III: 238). Nur eine Minderheit von Plebejern trug nämlich den intellektuellen und praktischen Rationalisierungsprozeß, während der Rest unbeirrt auf die glückliche Intervention von Heiligen und guten Geistern setzte. Eigentümlich für die westliche Entwicklung war, daß sich nur hier die ökonomischen, siedlungsstrukturellen und »psychophysischen« Lebensbedingungen herausgebildet haben, unter denen sich eine massenhafte rationale Frömmigkeit erfolgreich *»züchten«* (RS III: 238) ließ. Das Laboratorium für diese Dialektik von plebejischer Trägerschicht und rationalitätsbegabter »Kundenschicht« (RS III: 239) war aus Webers Sicht das alte Israel.

Besonders das »pharisäische« Judentum, über das Weber ein wichtiges Fragment hinterlassen hat, eignete sich als Anknüpfungspunkt für die spätere christliche Missionsbewegung. (RS III: 401-442) Die Pharisäer waren städtisch-plebejische Intellektuelle, die eine soziale Bewegung gegen den jüdischen Priesteradel ins Leben riefen und zum erstenmal religiöse Gemeindeinstitutionen bildeten. Mochten ihr Distinktionsgebaren gegenüber den nicht »heilig« lebenden Juden sowie ihre sprichwörtliche Bildung und Eloquenz auch den Unwillen der Jesusbewegung erregen, so waren doch ihre organisationspolitischen Leistungen von maßgeblicher Bedeutung für das Christentum. »Von den Pharisäern hat Paulus die Technik der Propaganda und der Schöpfung einer unzerstörbaren Gemeinschaft gelernt.« (RS III: 403)

Die paulinische Missionsarbeit fußte auf der *Gemeinde* als einer Form primitiver Demokratie. Mit der stetigen Ausdehnung dieser Kerninstitution im dritten und vierten Jahrhundert veränderte sich jedoch ihre Struktur. Insbesondere geriet mit dem Übergang von der »Gemeinde« zur entwickelten »Kirche« der plebejische Laienintellektualismus, der die Wurzel des Christentums bildet, unter Professionalisierungsdruck. Immer größere Teile der aktiven Trägerschichten wurden in eine »Kundenschicht« kirchlich-sakramentaler Heilsangebote verwandelt. Die Religiosität des mittelalterlichen Christentums setzte das stimmungsvolle Gottvertrauen absolut und wehrte sich gegen jegliche Kontrolle durch intellektualistische Kräfte. Freilich führte der christliche Laienintellektualismus immer noch eine Art Untergrundexistenz, bis er schließlich in der Reformation erneut hervorbrach. Kurz: Das westliche Christentum hatte im Vergleich zu anderen Kulturreligionen weitaus größere Probleme, die herrschaftliche Schranke zwischen Priestern und Laien stabil zu halten. An die Stelle der Missionierung der *Heiden* traten deshalb bald Probleme der Regierbarkeit, die sich aus dem wiederholten Aufflackern von *Häresien* ergaben.

Im Anschluß an die Arbeiten des Kirchenhistorikers Ernst Troeltsch entfaltet Weber schließlich dessen Idee des »soziologischen Doppelcharakters« des Evangeliums. Weber diagnostiziert den folgenreichen innerchristlichen Widerspruch von Individualismus und bürokratischer »Anstalt«, Erkenntnis und Glaube, asketischer Selbstvervollkommnung und institutioneller Gnadenspendung.[44] Aus dieser dauernden Ambivalenz entwickelte sich historisch trotz des päpstlichen Zentralismus eine innere Pluralisierung der religiösen Elite, die sich in immer neuen Ordensgründungen ausdrückte. Es war, so Weber, der eigentümliche *»Mönchsrationalismus«* (WG: 311), d.h. der selbstpraktische, missionarische und ökonomische Elan der christlichen Asketen, der für die Sonderentwicklung des Westens die Weichen stellen sollte.

Zu dieser Binnendifferenzierung der religiösen Sphäre, die dafür sorgte, daß die mittelalterliche Kirche stets in Bewegung blieb, trat nach der Jahrtausendwende, mit dem Investiturstreit, die äußere Differenzierung der päpstlichen und der profanen politischen Macht. Bis dahin bestand kein Gegensatz zwischen Politik und Religion, vielmehr wurde die *ecclesia*, die Gesamtheit der christlichen Völker, zugleich von weltlichen und geistlichen Herrschern regiert. Daraus ergibt sich, daß die Webersche Religionssoziologie in vieler Hinsicht bereits unmittelbar als solche eine Herrschaftssoziologie ist: »Die religiösen Vergesellschaftungen und Gemeinschaften gehören bei voller Entwicklung zum Typus der

Herrschaftsverbände.« (RS I: 267) Aber nicht nur vom Objekt her, sondern auch auf der Ebene der theoretischen Konstruktion ist der *Begriffstransfer* auffällig, der zwischen der Religionssoziologie und der Herrschaftssoziologie vermittelt.

Herrschen und legitimieren

Die bisherigen Ausführungen haben deutlich gemacht, daß die von Johannes Winckelmann so bezeichnete »Herrschaftssoziologie« Webers, die im zweiten Teil von *Wirtschaft und Gesellschaft* enthalten ist, keineswegs einen gegenüber der Religionssoziologie völlig selbständigen Bereich darstellt. Bereits die Religionssoziologie hat es mit Herrschaft zu tun, und herrschaftssoziologische Tatsachen gehen als Variablen in die zu erklärende Religionsentwicklung ein. Daher ist es kein Wunder, daß Weber einen Abriß seiner Typologie der Herrschaftsformen zuerst für die »Einleitung« zur *Wirtschaftsethik der Weltreligionen* verfaßt hat (vgl. RS I: 268 ff.).[45]

Politische Herrschaftsformen haben also einerseits den Status von (erklärungskräftigen) Rahmenbedingungen für religiöse Prozesse. Umgekehrt betont Weber aber auch die Erklärungsbedürftigkeit politischer Strukturen und unterstreicht »das starke Mitspielen [...] der christlichen Religion« (WG: 746) bei der Entstehung des okzidentalen Staates. Man hat freilich zu Recht bezweifelt, daß Weber seinem Anspruch, eine »vollständige soziologische Staatslehre«[46] zu entwickeln, gerecht geworden sei. Auch wenn sich Weber mit der Entwicklung von Herrschaftsformen auseinandersetzt, bleibt er doch in gewisser Hinsicht stets Religionssoziologe. Seine Rechts- und Herrschaftstheorie verhält sich zwar, wie Schluchter gegen Tenbruck gezeigt hat, »komplementär« zur Religionssoziologie – aber »komplementär« in einem

Sinne, den man mit Stefan Breuer so präzisieren kann: Der Herrschaftssoziologie wird »wie dem Aschenputtel im Märchen [...] nur eine *dienende* Funktion zugedacht, um die Lieblingskinder in desto hellerem Glanze erstrahlen zu lassen. Von der ›Protestantischen Ethik‹ bis zur ›Vorbemerkung‹ zu den religionssoziologischen Schriften hatte Weber nur ein Thema: den ›Geist des Kapitalismus‹ bzw. der rationalen Kultur des Okzidents.«[47]

Weber vernachlässigt eine Erklärung von Herrschaftsformen aus sozialökonomischen Bedingungen, obwohl er gelegentlich einen solchen »materialistischen« Ansatz als fruchtbar bezeichnet hat. (vgl. etwa WL: 166) Es ist kein Zufall, daß sich Webers originellste und überzeugendste Beiträge zur Entstehungsgeschichte »westlicher« politischer Herrschaftsformen statt dessen aus seinen enormen religionssoziologischen Kenntnissen speisen. So unterstreicht er z.B. die »oft recht bedeutende Rolle, welche die kirchliche Gemeinde bei der verwaltungstechnischen Einrichtung der mittelalterlichen Städte gespielt hat« (WG: 746). Wie der religiöse *Glaube* der Christen die bürgerliche Wirtschaftsgesinnung befördert hat, so haben die religiösen *Institutionen* des Hochmittelalters die Herausbildung des bürgerlichen Staates befördert. Der erste bürokratische Staat der Moderne wurde nach der Jahrtausendwende durch die päpstliche Kurie gebildet, um die zahlreichen Konflikte zwischen den weit auseinanderliegenden christlichen Klöstern und Kirchen zu regulieren.[48] Wie nirgendwo sonst organisierte sich die Priesterherrschaft im Westen als »Kirche«, d.h. als Herrschaft plus Verwaltung. Aber die katholische Kirche hat nicht nur eine historische Pfadfinderrolle für den bürgerlichen Staat übernommen, etwa indem das kanonische Recht die Bahn für eine Rationalisierung des profanen Rechts ebnete. (vgl. WG: 481) Auch strukturell ist das Papsttum der Prototyp der Bürokratie, die nach Weber den Funktionsmodus jeder modernen politischen Herrschaft bildet. Daher eröffnet uns Webers Definition der Kirche einen Zugang zu Aspekten des Begriffs des bürokratischen Staates.

Die »Kirche« (und mithin der »Staat«) ist durch folgende Merkmale gekennzeichnet: erstens durch die Ausdifferenzierung eines »Berufspriesterstandes« mit festem Gehalt, Dienstpflichten und Karrieremustern, zweitens durch universalistische Herrschaftsansprüche jenseits von Haus, Sippe oder Stamm, drittens durch die Rationalisierung von Kultus und Dogma und ein entsprechendes Schulsystem sowie viertens durch den »Anstalts«-Charakter, d.h. durch eine kontinuierliche Ausübung von Herrschaft im Rahmen »rational gesatzter Ordnungen«. (vgl. WG: 692 f.) (Der moderne Staat wird später durch die Hinzufügung von noch mindestens zwei weiteren Elementen Gestalt annehmen: nämlich die Bindung an ein abgegrenztes Territorium und die Fundierung der Herrschaft durch empirische Wissenschaften.)

Webers Religionssoziologie arbeitet, wie wir gesehen haben, mit der Triade Propheten, Priester und Nichtpriester. Die entsprechende Triade in der Herrschaftssoziologie lautet: Führer, Verwaltungsstab, Geführte, wobei im modernen Staat, analog zur Kirche, die »Interessensolidarität des Verwaltungsstabes mit dem Herrn ausschlaggebend« (WG: 154) ist. Weber modifiziert also das dualistische Schema von Souverän und Bürgern, Eliten und Massen, das die moderne politische Theorie häufig orientiert hat, erstens, indem er Herrschaft an »Verwaltung« bindet und damit an einen entsprechenden »politischen Mittelstand« von Beamten und öffentlichen Angestellten; und zweitens, indem die Legitimationsbeziehung zwischen Bürgern und Staat überlagert wird durch die politisch »ausschlaggebende« Loyalitätsbeziehung zwischen Beamten und Dienstherren.

Sowohl die Anordnung der herrschaftssoziologischen Begriffe als auch diese selbst verweisen in mancher Hinsicht auf religionssoziologische Vorlagen. Einen religionssoziologischen Hintergrund hat vor allem die für Webers politische Theorie zentrale Differenz von Alltag und Außeralltäglichkeit (Tradition und Charisma). (vgl. WG: 654 ff.) Dasselbe gilt für den »Legitimitätsglauben«, der jede politische Herrschaft definiert. Wenn wir vom Charismabegriff absehen, der bei Weber eine prominente Rolle spielt, läßt sich folgender Grundsatz aufstellen: Die politische Soziologie Webers beruht nicht auf *säkularisierten theologischen*, sondern auf *verschobenen religionssoziologischen Begriffen.* Im Unterschied zu Carl Schmitt, der oftmals als ein mehr oder minder legitimer Nachfahre Max Webers angesehen wurde, ist dieser weit davon entfernt, eine »politische Theologie« zu schreiben. Schmitts »Säkularisierung« theologischer Konzepte wäre aus der Sicht Webers eine ganz unzureichende Form der theoretischen Rationalisierung. Gegen Robert Michels, der viel eher als ein Vorfahre (oder besser Cousin) Schmitts betrachtet werden kann, macht Weber bezeichnenderweise geltend, daß die halbreligiösen Zentralbegriffe der klassischen Demokratietheorie wie »Volk« oder »Volkssouveränität« veraltet seien.[49]

Die Besonderheit der herrschaftssoziologischen Methode im Vergleich zur »politisch-theologischen« ist deutlich abzulesen an der Verwendungsweise des Weberschen Begriffs der »Legitimität« politischer Herrschaft. Für Schmitt verkörpert der Staat den existentiellen Zustand eines Volkes, kurz: eine nichtdiskutierbare Normalität. Er ist insofern einer Legitimation von außen, d.h. von der Seite der Bürger, wie sie die liberale politische Philosophie gefordert hat, weder bedürftig noch fähig. »Legitimität« ist für Schmitt eine staatlich kontrollierte, überlegale Ressource der Selbstvergewisserung politischer Eliten, vergleichbar mit der von Weber beschriebenen »Anstaltsgnade« des römischen Katholizismus. Zwar spricht auch Weber von der »besonderen Weihe« moderner politischer Herrschaftsverbände, aber ihre Legitimität beruht nicht auf dieser Weihe selbst, sondern auf dem »spezifischen Glauben« (WG: 516) der Bürger an sie. Die Herrschaftssoziologie zielt also im Unterschied zu objektivistischen Staatslehren auf eine subjektive Verankerung politischer Herrschaftsstrukturen. So erscheint z.B. der »Staat« bei Weber einerseits als ein mehr oder weniger »stählerner« Apparat, andererseits aber schlicht als ein »Komplex menschlicher Beziehungen« (WL: 162). Herrschaft wird auf Legitimität und Legitimität auf den Glauben an Legitimität zurückgeführt.

Weber differenziert verschiedene Herrschaftstypen nach einem subjektiven Kriterium, nämlich nach den Motiven für den »Glauben« daran, daß die jeweilige politische Ordnung zu Recht bestehe. Auf diese Weise ergeben sich »drei reine Typen legitimer Herrschaft«: Herrschaft kann 1. *rational* sein und »auf dem Glauben an die Legalität gesatzter Ordnungen« beruhen, 2. kann sie *traditional* sein und »auf dem Alltagsglauben an die Heiligkeit von jeher geltender Tradition« ruhen, und 3. kann sie *charismatisch* sein, d.h. »auf der außeralltäglichen Hingabe an die Heiligkeit oder die Heldenkraft oder die Vorbildlichkeit einer Person und der durch sie offenbarten oder geschaffenen Ordnungen« (WG: 124) ruhen. Das heißt noch nicht, daß eine politische Herrschaft allein deshalb besteht, *weil* an ihre »Legitimität« geglaubt wird. Vielmehr gibt es auch zahlreiche nichtnormative, utilitaristische Fügsamkeitsmotive, deren Bedeutung Weber hoch veranschlagt.[50] Zahlreiche »Ordnungen«, auch diejenigen des Staates, reproduzieren sich tagtäglich, ohne jemals besondere ethische Zustimmungsleistungen der Beteiligten zu bemühen. Dies kommt auch in dem folgenden Zitat zum Ausdruck, das zugleich ein Dokument der gnadenlos »sachlichen« Sprache ist, derer sich Weber oft bedient:

»Wenn man unter der ›Ordnung‹ eines Verbandes alle tatsächlich feststellbaren Regelmäßigkeiten des Sichverhaltens versteht, welche für den faktischen Verlauf des ihn konstituierenden oder von ihm beeinflußten Gemeinschaftshandelns charakteristisch oder als Bedingung wesentlich sind, dann ist diese ›Ordnung‹ nur zum *verschwindenden* Teil die Folge der Orientierung an ›Rechtsregeln‹. Soweit sie überhaupt bewußt an ›Regeln‹ orientiert sind – und nicht bloßer dumpfer ›Gewöhnung‹ entspringen –, sind es teils solche der ›Sitte‹ und ›Konvention‹, teils aber, und sehr oft gänzlich überwiegend, Maximen subjektiv zweckrationalen Handelns im eigenen Interesse jedes der daran Beteiligten, auf dessen Wirksamkeit sie oder die anderen zählen und oft auch ohne weiteres, sehr häufig aber überdies noch kraft spezieller, aber nicht rechtszwanggeschützter, Vergesellschaftungen oder Einverständnisse objektiv zählen können.« (WG: 190)

Allerdings sind normative, »wertrationale« Glaubenskräfte sowohl entscheidend für die *Entstehung* von historischen Herrschaftsordnungen als auch für ihre *Bewährung* unter außeralltäglichen Umständen, vor allem im Krieg. Gerade in diesen Situationen überwiegt das Element des dritten Herrschaftstyps: das Charisma außerordentlicher politischer Führer.[51] Dieser Herrschaftstyp hat auch deshalb eine herausragende Bedeutung, weil hier offensichtlich ist, daß der Legitimitätsglaube nicht spontan entsteht, sondern durch eine charismatische »Missionierung« von oben herbeigeführt wird. Dem Legitimitätsglauben entsprechen also Techniken, die Beherrschten *glauben zu machen,* und Weber scheut sich nicht, in diesem Zusammenhang eine theologische Theoriesprache zu verwenden.

Interessant an Webers typologischer Zuspitzung sind sowohl der Herrschaftsbegriff selbst als auch die eigentümliche »Zurückführung« der Herrschaft auf Herrschafts- bzw. Gehorsams*motive.* Bemerkenswert ist zunächst, daß Weber Herrschaft nicht nur in der Sphäre des Politischen ansiedelt. Von der politischen Herrschaft »kraft Autorität« unterscheidet er nämlich die ökonomische Herrschaft »kraft Interessenkonstellation« (WG: 542). Neben dieser *horizontalen* Differenzierung des Herrschaftsbegriffs nimmt er eine *vertikale* Unterscheidung vor, indem er »Herrschaft« und

»Macht« analytisch voneinander trennt. Die Macht ist eine subpolitische, diffuse, desorganisierte (und manchmal desorganisierende) Größe des Soziallebens, die auch gegenläufig, von unten nach oben, sowie jenseits der Grenzen zwischen Staaten funktionieren kann. Dagegen wird »Herrschaft« restriktiver definiert durch »die Chance, für einen Befehl bestimmten Inhalts bei angebbaren Personen Gehorsam zu finden«. »Herrschaft« ist mit »Macht« darin identisch, daß sie »auch gegen Widerstreben durchzusetzen« ist, »gleichviel worauf diese Chance beruht« (WG: 28). Der Unterschied zur »Macht« ist, daß sich »Herrschaft« stärker auf »Personen« bezieht und zweitens auf jeweils präzise »angebbare« Personen. Diese Definition macht bereits klar, daß Herrschaft idealtypisch *innerhalb* von Verbänden stattfindet, nicht *zwischen* Verbänden und einer anonymen Bevölkerung.

Was fällt weiterhin an diesen Bestimmungen auf? Zunächst das Wahrscheinlichkeitsvokabular. Politische Herrschaft ergibt sich nicht schon daraus, daß Dinge in Übereinstimmung mit erteilten Befehlen oder Anordnungen geschehen. Denn wenn dies der Fall wäre, könnte man schon dadurch herrschen, daß man – wie der Kleine Prinz im Märchen – immer genau das befiehlt, was sowieso geschehen wäre, z.B. daß morgens die Sonne aufgeht. Folglich wird Herrschaft eine bestimmte »Chance« genannt, nämlich die Chance, Gehorsam auch unter der *kontrafaktischen* Annahme versuchter Gehorsamsverweigerung zu finden. Herrschaft ist nach Weber die Chance, ein erwartetes Verhalten auch dann hervorzurufen, wenn bei den Herrschaftsunterworfenen *widerspenstige Präferenzen* wirksam sind.

Dies mag ein Beispiel verdeutlichen. Die Drohung eines Polizisten, einen bewaffneten Mann, der sich in einem umstellten Haus verbarrikadiert hat, notfalls zu erschießen, signalisiert nur dann ein Herrschaftsverhältnis, wenn dieser Mann etwas anderes will als die Polizei (Geld, Flucht) und diese andere Präferenz nicht einfach nur vortäuscht. Falls der Mann, wie es neuerdings gelegentlich vorgekommen ist, den Tod durch die Kugeln der Polizeipistolen *sucht* (Kriminologen sprechen von »suicide by cop«), verpufft die situationsgebundene Herrschaftsvollmacht der Polizei. Mehr noch: Die Polizei als Träger legitimer physischer Gewaltsamkeit würde ihrerseits gezwungen, gegen ihre Präferenz zu handeln. Anstatt einer Ordnung zur Geltung zu verhelfen, würde sie wider Willen zum Erfüllungsgehilfen eines gänzlich individuellen, unerwarteten und ordnungswidrigen Verlangens.

Solche etwas ungewöhnlichen Beispiele mögen verdeutlichen, daß Weber die »Realität« von Herrschaft von praktischen *Möglichkeiten* her denkt. Diese wiederum sind in der Erfahrung handelnder Personen überaus »real« – realer als die sogenannte objektive Wirklichkeit, die wir niemals vollständig ausleuchten können.[52]

Als Zwischenergebnis läßt sich festhalten, daß die militärische oder bürokratische Weisungsbefugnis den »Idealtypus« von Herrschaft bildet. Weber scheint sich damit gleich eines doppelten Reduktionismus schuldig zu machen. Erstens wird die politische, im modernen bürokratischen Staat organisierte Herrschaft subjektiviert und auf Legitimitätsgründe zurückgeführt; und zweitens scheint sie auf letztlich gewaltsame Machtmittel verengt zu werden. Ich möchte in diesem Zusammenhang die Aufmerksamkeit auf die »Kriegszentrierung« der politischen Theorie Webers lenken. Diese läßt sich gegen eine Hauptströmung des sozialwissenschaftlichen Denkens anführen, das sich von Saint-Simon über Durkheim bis hin zu Talcott Parsons am optimistischen und harmonischen Paradigma der »industriellen Gesellschaft« orientiert und den Krieg (den radikalen Konflikt) aus der Theorie verdrängt hat. Noch im Marxismus, etwa bei Luxemburg oder Lenin, ist der imperialistische Krieg eher ein äußerliches Ventil des Staates als eine seiner konstitutiven Dimensionen.

Anders bei Weber. Zwar ist auch für ihn der Krieg das schlechthin Außeralltägliche, aber er bildet doch einen logischen Gesichtspunkt, von dem aus vieles von Webers Soziologie verständlich wird. Der Krieg ist sozusagen der »Vater« nicht aller, aber zahlreicher Intuitionen seiner Gesellschaftstheorie und -geschichte, ohne daß Weber darum einer »militaristischen« Tradition in der Soziologie zuzurechnen wäre.[53] Wenn man eine Vorläuferschaft zu jüngeren Denkern konstruieren möchte, lassen sich am ehesten noch Parallelen zu Michel Foucault ziehen, der in seinen Vorlesungen immer wieder darauf hingewiesen hat, daß man die moderne Macht nicht in Begriffen von Übertragung oder Vertrag, sondern von »Kampf, Konflikt oder Krieg«[54] analysieren müsse.

Bereits in dem frühen Aufsatz *Die sozialen Gründe des Untergangs der antiken Kultur* (SW: 289-311) macht Weber den Krieg und seine innergesellschaftlichen Rückwirkungen, z.B. auf die Sklavenmärkte, zum Motor der Klassen- und Staatsbildung in der Antike.[55] Aber auch für die politischen Gemeinschaften der Moderne und ihre staatlichen und parastaatlichen Organisationsformen gilt, daß sie letzten Endes durch »Kämpfe auf Leben und Tod« (WG: 515) konstituiert werden. Erst im Feuer dieser Kämpfe entsteht das *»Prestige«*, auf welchem die »moderne Stellung der politischen Verbände beruht« (WG: 516).

»Die politische Gemeinschaft gehört [...] zu denjenigen Gemeinschaften, deren Gemeinschaftshandeln, wenigstens normalerweise, den Zwang durch Gefährdung und Vernichtung von Leben und Bewegungsfreiheit sowohl Außenstehender wie der Beteiligten selbst einschließt. Es ist der Ernst des Todes, den eventuell für die Gemeinschaftsinteressen zu bestehen, dem Einzelnen hier zugemutet wird. Er trägt der politischen Gemeinschaft ihr spezifisches Pathos ein.« (WG: 515)

Diese Formulierungen stellen klar, daß der moderne Staat »normalerweise« das ganz und gar nicht Normale, nämlich die Gefährdung und Selbstgefährdung des Lebens der Bürger umfaßt. Zugleich wird deutlich, daß Webers Denken über den Staat in Kriegsanalogien und seine Reduktion der Herrschaft auf subjektive Legitimitätsgründe an einem bestimmten Punkt konvergieren.

Gleichwohl ist sein Begriff der »politischen Gemeinschaft« keineswegs synonym mit Befehls- und Gehorsamsverhältnissen. Die politische Gemeinschaft wird vielmehr durch drei Faktoren gebildet: ein Territorium, die durch das Monopol an legitimer physischer Gewaltsamkeit gedeckte politische Herrschaft über dieses Territorium sowie eine institutionelle Regulierung der sozialen Beziehungen, so daß ein Gemeinschaftshandeln entsteht.[56]

Bemerkenswert für Webers Soziologie ist die Rolle, die einem spezifischen »Legitimitätsanspruch« bei der Definition der Herrschaft und des Staates zukommt: »Staat soll ein politischer Anstaltsbetrieb heißen, wenn und insoweit sein Verwaltungsstab erfolgreich das Monopol legitimen physischen Zwanges [...] in Anspruch nimmt.« (WG: 29) Zwar hat Weber am Ende des Ersten Weltkriegs vor Augen, was es bedeutet, wenn z.B. von Freikorps-Soldaten massenhaft staatliche Waffenarsenale privatisiert werden. Gleichwohl definiert er den Staat nicht durch ein *faktisches* Gewaltmittelmonopol, sondern durch eine eigentümliche Prätention: den (erfolgreich eingelösten) Anspruch auf *legitime* Gewaltausübung. Dies ist ein kleiner, aber signifikanter Unterschied. Der Staat ist niemals nur ein objektiv beschreibbarer Apparat, sondern er gehorcht der Formel: Staat = Verwaltungsstab *plus* Legitimitätsanspruch. Entscheidend ist der subjektive »Sinn«, der dem in technischen Begriffen beschreibbaren Staatsapparat einerseits von der politischen Führung, andererseits von den Bürgern beigemessen wird. Diese Sinngebung ist gleichbedeutend mit dem Legitimitätsglauben, der sich wiederum handlungstheoretisch definieren läßt, und zwar als »Hingabe an wertrational geglaubte Normen« (WG: 15). Ohne eine solche Sinngebung, schließt Weber an anderer Stelle, »*zerfiele* der ganze Apparat« (PS: 524).

Wichtig ist nun folgendes: Der subjektive Legitimitätsglaube der Beherrschten entzündet sich am »Prestige« des politischen Herrschaftsverbandes, und dieses Prestige wiederum ist abhängig von der imperialen Stellung des jeweiligen Staates in der internationalen Arena. »Wie bei Fußballfans, die ihrer erfolgreichen Mannschaft folgen«, schreibt Randall Collins, »hängt die Loyalität der Beherrschten gegenüber dem Staat von seinen Siegen ab.«[57] Umgekehrt erhöht der »Prestigeverlust« eines Staates die Chancen einer Revolution. Darin besteht ein wichtiger Aspekt von Webers Diagnose der deutschen Revolution 1918/19:

»Die Geschichte des Zusammenbruchs der bis 1918 (in Deutschland) legitimen Herrschaft zeigte: wie die Sprengung der Traditionsgebundenheit durch den Krieg einerseits und der Prestigeverlust durch die Niederlage andrerseits in Verbindung mit der systematischen Gewöhnung an illegales Verhalten in gleichem Maß die Fügsamkeit in die Heeres- und Arbeitsdisziplin erschütterten und so den Umsturz der Herrschaft vorbereiteten.« (WG: 155)

Der Legitimitätsglaube der Bürger ist also der subjektive Niederschlag einer *mitreißenden* politischen Führung, die sich im Kampf für angebliche letzte Werte »bewährt«. Politische Herrschaft ist nicht bereits als solche legitimationsbedürftig, d.h. abhängig von den wertrationalen Gehorsamsmotiven der Beherrschten. Im Normalfall äußert sich staatliche Herrschaft als bürokratische (»rationale«) Verwaltung. Als solche ist sie nicht angewiesen auf den ethischen Elan der Bürger, sondern lediglich auf die Aushandlung von Interessenkompromissen sowie auf eingeschliffene, »dumpfe Gewöhnung«, wie Weber sagt. Die Bürokratie regelt und optimiert das äußere Verhalten großer Kollektive. Die »Massenabrichtung« (WG: 650) ganzer Bevölkerungsteile ist zugleich ihre Grundlage und ihre Leistung. Allerdings ist die bürokratische »Alltagsherrschaft« nicht imstande, gewissermaßen *hinter* das Verhalten der Individuen zu gelangen und die Quelle des Handelns, die subjektive Sinnaktivierung, zu manipulieren. Darin liegt ein interessantes Paradox: Gerade die totale Bürokratisierung eines Gemeinwesens ist in ihrer machtpolitischen Reichweite beschränkt, weil sie unfähig ist, die Individuen *»von innen heraus«* (WG: 658) zu motivieren. Diese besondere politische Kunst, große Gruppen von Menschen wertrational zu motivieren, ihren Legitimitätsglauben wachzurufen und sie zu Neuem zu »begeistern«, ist aus der Perspektive Webers das Privileg charismatischer politischer Führungsschichten.

Dieses herrschaftssoziologische Konzept eines politisch wirksamen Charismas ist bei Weber unlöslich verknüpft mit einer bestimmten Kritik am wilhelminischen Kaiserreich, speziell an der Führungsschwäche von Politikern wie dem Reichskanzler Bethmann-Hollweg. Es hat aber auch eine systematische Bedeutung. Der charismatische Führer, dessen Begriff uns unweigerlich an die totalitären Dunkelmänner des 20. Jahrhunderts erinnert, wird bei Weber durch *parlamentarisierte* politische Strukturen hervorgebracht und »gezüchtet«.[58] Es sind die Strukturen einer rationalen Demokratie, die in der Gegenwart das Auftreten politischer Charismatiker am stärksten begünstigen, während sowohl zivile als auch militärische Bürokratien in dieser Hinsicht versagen müssen. Die Verbindung von Charisma und parlamentarischer Demokratie bildet, so befremdlich sie uns erscheinen mag, einen zentralen Punkt der Weberschen Theorie. Wenngleich er die charismatische Herrschaft subjektivistisch durch die »außeralltägliche Hingabe an die [...] Vorbildlichkeit einer Person« (WG: 124) definiert, so hat doch Weber selbst Vorbilder genannt, die jene Verbindung illustrieren, z.B. den britischen Liberalen (und Gegenspieler Disraelis) William Gladstone.

Zwar ist das politische Charisma ein emotionaler Faktor, der nicht argumentativ, sondern gewissermaßen infektiös wirkt, aber gleichwohl enthält es, wenn man Webers Überzeugung ernst nimmt, eine potentiell demokratische Sprengkraft. Erst die Parlamentarisierung des bürokratischen Staates und mit ihr die »Auslese« charismatischer Politiker sensibilisiert den Zwischenraum von Politik und Gesellschaft für wertrationale und ethische Motive. Erst wo es Charisma gibt, bestehen, so Weber, Chancen der »antiautoritären Umdeutung« ebendieses Charismas und damit der freien Wahl des politischen Führungspersonals. (vgl. WG: 155 ff.) Während die Bürokratie das Bestehende zementiert, öffnet das parlamentarisierte Charisma den politischen Betrieb für das »aller Regel und Tradition Fremde« (WG: 657).

Ich schließe aus diesen Überlegungen, daß die Schwäche der Herrschaftssoziologie Webers und speziell ihrer demokratietheoretischen Elemente nicht in erster Linie in einer ominösen »Vorläuferschaft« zum späteren Autoritarismus in der politischen Theorie liegt. Zwar suggeriert die stark zeitbedingte, manchmal etwas martialische Sprache Webers eine solche Vorläuferschaft, doch liegen die substantiellen Grenzen woanders. Einmal gibt es eine theoretische Grenze, die darin besteht, daß Weber die sozialen und ökonomischen Determinanten seiner »reinen Typen« der Herrschaft voraussetzt, ohne sie selbst hinlänglich zu untersuchen. Die Stabilität der Herrschaft ergibt sich aus den ökonomisch und sozial »normalen Verhältnissen« (WG: 572). Diese aber sind für Weber, der nicht die normale Reproduktion, sondern die *Steigerung* der Herrschaft durch den Legitimitätsglauben in den Mittelpunkt rückt, ziemlich uninteressant. Nicht einmal die berühmte preußische Bürokratie wird zum Gegenstand genauerer Untersuchungen.[59] Statt dessen begnügt sich Weber mit vagen instrumentalistischen Analogien, die die verborgene Binnendynamik bürokratischer Apparate systematisch unterschätzen.[60]

Bildlich gesprochen: Weber interessiert sich für die außeralltäglichen Umstände, die das »Einmachglas« der Gesellschaft sprengen, weit weniger jedoch für die soziale »Marmelade« des Alltagslebens (»dumpfe Gewohnheiten«) oder die bürokratischen »Konservierungsstoffe«, die sie haltbar machen. Für diese Sichtweise ist der Charismabegriff kennzeichnend, der eigentlich einer theologischen Spezialdisziplin, der Pneumatologie, angehört. Der Begriff behält bei Weber, obwohl er gelegentlich das Charisma als Projektion der Beherrschten beschreibt, dieselbe irrationale, spiritualistische Färbung, die er schon im Alten Testament hat, wenn z.B. Simson vom »Geist Jahwes« überwältigt wird. (RS III: 103) Der Begriff Charisma ist immer wieder mit Gewinn auf reale sozialgeschichtliche Vorgänge der Umwälzung eingefahrener Strukturen durch das Auftreten »beeindruckender« Männer oder Frauen angewendet worden,[61] – ohne jedoch diese Vorgänge wirklich zu erklären.

Neben theoretischen Defiziten gibt es auch eine historische Grenze der Weberschen Soziologie charismatischer Herrschaft. Weber ist ein intellektueller Repräsentant der Periode der »citizen wars« (Michael Mann), die ihren Höhepunkt im Ersten Weltkrieg erreichte und spätestens 1944/45 endete. Für Weber ist nicht mehr die Abhängigkeit der zivilen politischen Herrschaft von der Anerkennung der Bevölkerung das Problem, sondern der Zusammenhang von Kriegserfolgen, charismatischen Politikstilen, populärer Unterstützung des Staates und Ausdehnung der Bürgerrechte. Er darf als ein Vorreiter der Parlamentarisierung des Staates gelten, die sich in der Folge des Ersten Weltkriegs – mit Unterbrechung durch den Nationalsozialismus – auch in Deutschland durchgesetzt hat. Freilich hat sich im Verlauf des Jahrhunderts gezeigt, daß der Krieg ein äußerst unzuverlässiger Geburtshelfer der Demokratie ist, nicht zuletzt wegen der ökonomischen Instabilität, die er zwangsläufig hervorruft und deren politisch destabilisierende Folgen gerade Weber immer im Blick hatte. Im Nationalsozialismus wurde zudem die »britische« Dialektik von

Parlamentarismus und Imperialismus, die Weber politisch verallgemeinern wollte, abgelöst durch die »deutsche« Dialektik von Totalitarismus und geplantem Völkermord.

Verstand und Gefühl in der Politik

In dem Schlüsseltext *Politik als Beruf* hat Weber eine nachklassische Tugendlehre unter den Bedingungen des modernen Politikbetriebs formuliert. Nur der innerlich Überzeugte kann demnach auch ein Publikum überzeugen. Die von ihm verwendeten Formeln der »Leidenschaft«, des »Augenmaßes« und des »Verantwortungsgefühls« sind Chiffren für zwangsläufig unstimmige, niemals vollständig rationalisierbare Verhaltens- und Handlungsmuster moderner Politikerinnen und Politiker. Der Politiker soll hochmotiviert, doch ohne persönliche Eigeninteressen handeln; er soll Verantwortungsgefühl zeigen unter Bedingungen, die die längerfristigen Folgen des eigenen Tuns kaum vorhersehen lassen; schließlich soll er situationssensibel und gelegenheitsorientiert denken und handeln, ohne doch opportunistisch zu sein. Diese schwer balancierbaren Ansprüche gipfeln im vielzitierten Spannungsverhältnis von »Verantwortungsethik« und »Gesinnungsethik«. Während der verantwortungsorientierte Politiker der Erfolgsorientierung den Vorrang vor subjektiven Überzeugungen gibt, handeln Gesinnungsethiker ausschließlich nach Maßgabe ihrer Überzeugungen und überlassen die Folgen ihres Handelns dem Schicksal.

Trotz der Betonung politischer »Leidenschaft« als eines Merkmals moderner Politik steht Weber unter dem Generalverdacht, die Rolle von Emotionen in der politischen Moderne besonders unnachgiebig denunziert und eine *rationalistische* Konzeption des Emotionsmanagements durch politische Führer und große Verbände vertreten zu haben.[62] Eine Autorin hat in diesem Zusammenhang sogar von einer typisch »maskulinen« Emotionsfeindlichkeit gesprochen.[63] Was ist daran richtig?

Bereits in der grundbegrifflichen Unterscheidung zwischen zweckrationalen, wertrationalen, traditionellen und affektuellen Handlungsorientierungen nimmt das affektuelle Handeln tatsächlich eine Sonderstellung ein, insofern es wie eine Restgröße oder ein Störfaktor erfolgreicher Rationalisierungsprozesse betrachtet wird. In seiner reinsten Form dementiert sich affektuelles Handeln geradezu selbst, indem es bloßes Reagieren ist, »hemmungsloses Reagieren auf einen außeralltäglichen Reiz« (WG: 12). Ein solcher Begriff der Emotion ist eigenartig vorsoziologisch und unterlegt von einer hydraulischen Bildersprache, in der Gefühle etwas sind, das sich je nach Situation staut oder entlädt. Das Herz – so will es scheinen – hat seine Gründe, die der Sozialforscher nicht kennt.

Welche Anwendung ein rationalistisch gestutzter Emotionsbegriff finden kann, läßt sich an Webers politischen Schriften ablesen. Analyse und Zeitkritik kreisen in auffälliger Weise um den Gegensatz von Rationalität und Emotion, Verstand und Leidenschaft. Daß »erfolgreiche Politik, gerade auch erfolgreiche demokratische Politik [...] mit dem Kopf gemacht« (PS: 404) wird, ist eine zentrale Maxime Webers. Diese Maxime hat in der Politikwissenschaft dazu geführt, daß die systematische Beschäftigung mit dem Einfluß politischer Emotionen wie z.B. kollektiven Rachegelüsten auf die Politik regelrecht tabuisiert worden ist. Affektive Faktoren werden im vorpolitischen Bereich und auf der »Straße« vermutet, nicht jedoch in der offiziellen Politik und schon gar nicht bei der *eigenen* Gruppe. Für einen solchen Umgang mit dem Emotionsproblem bieten Webers Schriften zahlreiche Belege. Seine politische Kritik speziell an der zeitgenössischen Linken ist über weite Strecken eine Kritik ihrer »Affektpolitik«. Ähnliches gilt für die Kritik an der wilhelminischen Monarchie und den monarchistischen »Literaten«.

Der enge Zusammenhang von Annahmen über Massen, Emotion und Demokratie wird auch daran deutlich, daß Weber die populärrationalistische Idee einer Hydraulik entladungsfähiger Emotionen unvermittelt in die ebenso gängige Metapher vom politischen »Druck« der Straße übersetzt. (PS: 286) Großstädtische Masse und kollektive Emotion stehen nicht nur in einem Verhältnis statistischer Korrelation, sondern spiegeln einander als Kategorien politischer Reflexion. Der Druck von kollektiven Emotionen auf die politischen Institutionen und der individualpsychologische Druck von Emotionsschüben auf das nervöse Stellwerk rationaler Handlungsorientierungen werden analog gesetzt und durch dasselbe Vokabular bezeichnet. Sowenig das affektuelle Handeln ein echtes Handeln ist, sowenig ist die emotionsgetriebene »Masse« imstande zu handeln. Vielmehr agiert sie im Modus des Anschwellens, Ausbruchs, Aufflammens – wiederkehrende Webersche Wortbilder, die Heftigkeit und Flüchtigkeit zugleich signalisieren.

Webers politische Analyse steht somit im Widerschein einer nicht ausgearbeiteten Theorie über das Verhältnis von Verstand und Gefühl in der Politik. Deren Kern scheint die Vorstellung zu bilden, daß Emotionen Kräfte sind, die gleichsam aus einem dunklen Untergrund sprudeln, aufgerührte Gemütszustände, denen nur durch Vernunft, Organisation und Kultur beizukommen ist. Während dieses Modell von kollektiven Emotionen als einer Art gestaltloser Dampfkraft im Gehäuse der modernen Politik durchgängig anzutreffen ist, gibt es zugleich Indizien für eine Differenzierung des Emotionsbegriffs. In *Politik als Beruf* etwa ist die »leidenschaftliche Hingabe« an eine Sache ein definierendes Merkmal, das den »berufenen« Politiker und Staatsmann westlichen Typs unterscheidet. An Robert Michels schreibt Weber über die radikale Linke, daß »›Gift und Galle‹ zwar schätzenswerthe Substanzen, aber kein Surrogat für den Enthusiasmus sind«[64].

Bevor Weber daher einer auch heute noch starken Programmatik zugeordnet wird, für die Emotionen nichts sind als ein Lapsus rationalen Handelns, empfiehlt sich ein zweiter Blick in die Texte. Hinweise darauf, daß er die von ihm vielfach mitgetragene starre Entgegensetzung von Emotion und Rationalität, erhitzten Massen und kühl kalkulierenden Eliten selbst aufweicht und unterläuft, sind vor allem in seinen religionssoziologischen Schriften zu finden. Besonders den zwischen 1917 und 1920 entstandenen Texten über die Rolle der Propheten im antiken Judentum und die Entstehung der Jesusbewegung lassen sich Elemente einer Begriffsbildung entnehmen, die es vermeidet, kollektive Emotionen von vornherein mit dem Bannfluch des Irrationalen zu belegen. Bei den Propheten findet Weber zugleich die Urgestalt der modernen »Demagogie« – ein Begriff, der in seinen Überlegungen zur Demokratisierung des Deutschen Reiches nach dem Ersten Weltkrieg eine Schlüsselrolle spielen wird.

Für Weber sind es die ämterlosen und strikt magiefeindlichen jüdischen Propheten wie Amos oder Jeremias, die – im Unterschied zu den zeitgenössischen Priestern – Elemente einer genuin okzidentalen Ethik hervorbrachten und propagierten.[65] An den Propheten des Alten Testaments, diesen »leidenschaftlichsten Menschen, welche Israel hervorgebracht hat« (RS III: 342), beeindruckt ihn die ungeheure emotionale Wucht, die die Herausbildung von Frühformen des praktischen Rationalismus begleitet hat. Ohne Emotionen als Rohform motivationaler Energien abzutun, seziert Weber hier die delikate Balance aus Weltabstinenz, Laienekstase und Endzeithoffnung als habituelle Grundlage der prophetischen Politik. In ähnlicher Weise versucht er, das spezifische Rationalitätsprofil der propagandistischen Aktivitäten des Jesus von Nazareth und der christlichen Apostel zu bestimmen. So werden die »zornsprühenden Reden« (RS III: 403) von Jesus gegen die Pharisäer und später die Propagandatechnik des Paulus als Medien zur Schaffung stark wertrational ausgerichteter Gemeindeinstitutionen interpretiert. Im Rahmen dieser und ähnlicher Detailanalysen läßt Weber keinerlei Neigung erkennen, Emotionen und emotionsgeladene Redeweisen als bloße Störfaktoren von rationalen politischen Prozessen wahrzunehmen.

An der öffentlichen Prophetie der alttestamentarischen Laienprediger interessiert ihn nicht nur ihr Beitrag zur Genese einer westlichen rationalen Ethik im allgemeinen, sondern auch, so meine Vermutung, ihr spezifischer Beitrag zur Erfindung moderner Typen des Politikers und »Demagogen«. Gerade unter dem Gesichtspunkt einer Neubestimmung des Verhältnisses von Politik, Rationalität und Emotion, die sich nicht in sterilen Entgegensetzungen erschöpft, ist ein Vergleich zwischen den Studien zum antiken Judentum und den etwa zeitgleich entstandenen politischen Schriften Webers aufschlußreich. Ich beschränke mich hier auf einige knappe Andeutungen.

Weber sieht die besondere geschichtliche Bedeutung der vorexilischen jüdischen Prophetie darin, daß die Propheten die ersten waren, die außerhalb der bestehenden Hierarchien allein im Medium der emotionalen öffentlichen Rede wirkten, um ein Bewußtsein für die Lage ihres Landes und die Notwendigkeit einer moralischen Umkehr zu schaffen. Im Unterschied zu den vornehmen Orakelgebern und Seelenführern des antiken Griechenland waren sie wandernde »Sozialfälle« und mißtrauisch beäugte Privatleute im Stadtstaat Jerusalem. Es handelte sich um die ersten politischen Demagogen an einer der Wegscheiden der okzidentalen Sonderentwicklung. Über Amos sagt Weber: »Wenn dieser Prophet Gottes Zorn über Israel verkündet, weil man das Prophezeien zu unterdrücken versuchte, so war das etwa das gleiche, wie wenn ein moderner Demagoge Preßfreiheit verlangt.« (RS III: 285) Der Eindruck einer gewissen retrospektiven Modernität der Propheten hat seinen Grund in ihrem eigentümlich postkonventionellen Auftreten sowie ihrer trotz allem streng sachlichen Motive:

»Zwar ungebändigt durch priesterliche oder ständische Konventionen und gänzlich untemperiert durch irgendwelche, sei es asketische oder kontemplative, Selbstdisziplin, entlädt sich die glühende Leidenschaft der Propheten und öffnen sich in ihnen alle Abgründe des Menschenherzens. Und dennoch, trotz aller dieser Menschlichkeiten, von denen diese Titanen des heiligen Fluchens wahrlich nicht frei waren, ist es dennoch nicht die eigene Person, sondern die Sache Jahwes, des leidenschaftlichen Gottes, die über all dem wilden Toben souverän gebietet.« (RS III: 286 f.)

Des weiteren betont Weber die große innere Unabhängigkeit der Propheten bei gleichzeitiger psychischer Labilität sowie – interessanterweise – ihre *Unbeliebtheit* bei der »Masse der Hörer«. (RS III: 293, 307) Die Emotionalität von ausgesprochen reizbaren religiösen Exzentrikern wirkt hier gerade nicht ansteckend, sondern trifft auf eine weitgehend ungerührte Masse, die sich nicht bewegen lassen will und damit die Propheten in eine Spirale immer dunklerer Unheilsweissagungen treibt.

Zusammengefaßt erscheint die »freie emotionale Prophetie« (RS III: 285) als die große antike Feindin der frühbürokratischen und militärischen Ordnungen, wie sie in den damaligen hellenischen Staaten und den ägyptischen und assyrischen Großmächten herrschten. Und parallel zum altägyptischen Fronstaat, der Webers zeitdiagnostische Metaphorik für die kombinierten Übel von kontrollfreier Beamtenherrschaft, Monarchie und Sozialismus (»Gehäuse der Hörigkeit«) inspirierte, bietet die politische Prophetie der jüdischen Ekstatiker ein positives Gegenbild, das hier und da auch in den politischen Schriften durchscheint. Die innere Unabhängigkeit, »Abkömmlichkeit« und leidenschaftliche Sachlichkeit macht die Propheten zu Prototypen des modernen, demagogisch begabten Politikers, während andere Eigenschaften, besonders ihr unnachgiebiger Zweckpessimismus, sie in die Nähe ökologischer Apokalyptiker und politisierender Intellektueller rückt. Diese leiden nämlich ebenfalls an der emotionalen Indifferenz der Massen angesichts tatsächlich oder vermeintlich drohender Desaster: »Sie sehen die Welt voll Unheil gerade im vollen Sonnenglanz scheinbaren Glücks.« (RS III: 319 f.) So kreuzen sich in der beunruhigenden, rational-emotionalen Zwittergestalt der antiken jüdischen Propheten Befindlichkeiten und Zuschreibungen, die in der politischen Moderne auseinandertreten, ohne darum doch, wie ich im nächsten Schritt zeigen werde, in eine simple Opposition zueinander zu geraten.

Diese Bestimmungen Webers sind nur im Lichte seiner politischen Zeitdiagnose zu verstehen, die ihrerseits erhellt wird durch seine religionshistorisch angelegten Untersuchungen. Weber sah das kaiserliche, dann das revolutionäre Deutschland im Griff von demagogisch angeheizten Affektepidemien, die auf eine durch Entbehrung und Kriegsnot emotional erregbare Bevölkerungsmasse trafen. In Deutschland rationale Politik treiben zu wollen, schreibt er Anfang 1920, sei so lange unmöglich, »als – von links und rechts – Irrsinnige in der Politik ihr Wesen treiben können«[66]. In der kurzen Phase seines eigenen politischen Engagements hat sich Weber selbst gern demagogischer Stilmittel bedient, um dieser Auffassung Ausdruck zu verleihen. So ist er in den Monaten unmittelbar nach den revolutionären Ereignissen des Novembers 1918 in vielen Städten als prominenter und wortgewaltiger Wahlkampfredner für die neugegründete liberale Deutsche Demokratische Partei aufgetreten. Diese öffentlichen Reden, die teilweise von Reportern mitgeschrieben wurden, erinnern durchaus an die maßlosen Zornesausbrüche alttestamentarischer Propheten:

»Neben der Auflösung unserer Wirtschaft hat die Revolution auch eine Auflösung unseres Heeres auf dem Gewissen. Daß wir heute nicht einmal eine Division gegen die Polen senden können, das haben wir dieser Revolution zu verdanken. Man sieht nichts als Schmutz, Mist, Dünger, Unfug, und sonst nichts anderes. Liebknecht gehört ins Irrenhaus und Rosa Luxemburg in den Zoologischen Garten.« (MWG I/16: 441)[67]

Nun stehen derartige demagogische Verwünschungen keineswegs im Widerspruch zu Webers rationalem Politikbegriff. Vielmehr würde man eine zentrale Pointe dieses Politikbegriffs verfehlen, wenn man die positive Rolle übersähe, die Weber grundsätzlich der Demagogie – und damit der konditionierten und polarisierenden Emotionalität – gerade in der politischen Moderne einräumt. In diesem Zusammenhang ist interessant, wie sich Weber mit der Behauptung von Anhängern des Kaiserreichs auseinandersetzt, eine Demokratisierung Deutschlands bedeute den Sieg kurzsichtiger Massen über den Geist aufgeklärter Eliten und damit den Sieg der »emotionalen gegenüber der rationalen Politik« (PS: 403 f.). In der im Dezember 1917 erschienenen Schrift über *Wahlrecht und Demokratie in Deutschland* führt Weber gegen eine solche Gleichsetzung von Volk, Emotion und politischem Irrationalismus zwei Argumente ins Feld.

Erstens setzt er dazu an, kollektive politische Emotionen sozialräumlich zu verorten. Für die sich fortpflanzende Ansteckung durch gefährliche Gefühle kommen nur bestimmte Bevölkerungsgruppen in Frage, die in Siedlungsräumen wie den modernen Großstädten auftreten und durch bestimmte kulturelle und klimatische Bedingungen geprägt sind. Fabrikarbeiter hält er für weniger stimmungsanfällig als »Tagediebe« und »Kaffeehausintellektuelle«, zumal wenn sich letztere in lebendigen Großstädten wie Rom oder Paris herumtreiben. (PS: 287) Ähnlich polemisiert Weber auch immer wieder gegen Deutschlands monarchistische und pangermanische Intellektuelle.

Zweitens kehrt er für das kaiserliche Deutschland am Ausgang des Ersten Weltkriegs das Schema von unvernünftigen Massen und vernünftigen Eliten um. Die von chauvinistischen Gefühlen beherrschte Außenpolitik des Deutschen Reichs steht für ihn in auffälligem Kontrast zur ruhigen, an langfristigen Interessen orientierten auswärtigen Politik Großbritanniens, die er einer künftigen deutschen Elite als Vorbild empfiehlt. In einer Passage in *Parlament und Regierung* geht Weber so weit, die Zukunft der Etablierung und Festigung liberaldemokratischer Strukturen in Deutschland zu einem im Kern emotionspolitischen Problem zu machen. Mit Blick auf die zu erwartenden »Explosionen« politischer Unzufriedenheit fragt er sich beunruhigt, »ob solche Explosionen wieder die bekannte und übliche *Angst* der Besitzenden entfesseln, ob also die emotionale Wirkung der planlosen Massenwut die ebenso emotionale und ebenso planlose Feigheit des Bürgertums zur Folge hat« (PS: 405). Hier kehrt das Schlüsselmotiv einer politischen Emotionskritik wieder, die sich nicht gegen die breite Bevölkerung richtet, sondern gegen die damals herrschenden Eliten.

Beide Argumente sind wesentlich defensiv, indem sie den sozialen Herd desorganisierender politischer Emotionen nicht länger bei den Massen als solchen lokalisieren, sondern teils bei den Eliten, teils bei entwurzelten Schichten eines urbanen Intellektuellenproletariats. Systematisch verweisen die Argumente auf eine Paradoxie der bürokratischen Rationalisierung, die darin liegt, daß die parlamentarisch unkontrollierte Beamtenherrschaft sich bestens verträgt mit einer stimmungsanfälligen Monarchie (oder vergleichbaren Ordnungen) und einer von politisierenden Schöngeistern dominierten Öffentlichkeit.

Während also bis Ende 1917 der defensive Zug in Webers demokratietheoretischer Verortung des Emotionsproblems überwiegt, ist ein halbes Jahr später ein darüber hinausgehender Argumentationsfaden zu erkennen, der erstmals eine positive Beziehung von politischer Demokratie und kollektiver Emotion herstellt. »Demokratisierung und Demagogie gehören zusammen«, heißt es kategorisch in *Parlament und Regierung.* (PS: 393) Mit dieser starken These verteidigt sich Weber nicht mehr gegen die emotionskritisch begründete Demokratiefeindschaft antiwestlicher Monarchisten und Ultranationalisten, sondern nimmt ihre These der Emotionalität der Demokratie auf, um sie umzuwerten: Die liberale Demokratie ist demnach ebenso wünschenswert wie ihr renitentes Adoptivkind, die Demagogie. Wenn aber Demokratie und Demagogie Hand in Hand gehen, dann gibt es keine Demokratie westlichen Typs ohne eine spezifische öffentliche Emotionalität.

Wir sehen also, daß der eherne Rationalismus einer unversöhnlichen Entgegensetzung von Verstand und Emotion zerbricht und dem Modell einer westlichen Moderne weicht, in der Emotionen nicht nur in der rechtlich geschützten Privatsphäre, sondern auch im öffentlichen Raum einen Platz haben. In einer Moderne, in der die Bevölkerung sich nicht mehr als passives Objekt der Staatsverwaltung behandeln läßt, sind die damit unvermeidlich aufkommenden öffentlichen Emotionen kaum allein durch Vernunftappelle aus Amtsstuben zu domestizieren. So wie eine rationale Bürokratie durch rationalen Parlamentarismus in Schach gehalten werden muß, scheint Weber daher eine Läuterung politischer Leidenschaften durch wohldosierte Gegen-Leidenschaften zu empfehlen. Wenn man seine Andeutungen weiterverfolgt, ergibt sich das Bild einer modernen Demokratie, in der öffentliche Repräsentanten und Politiker, »Zufallsdemagogen« mit hoher *street credibility*, eine von geschulten Journalisten getragene »Pressedemagogie« sowie prophetische Intellektuelle ein halbwegs stabiles Gleichgewicht öffentlicher Emotionen und der daraus resultierenden Machtwirkungen herstellen. Der monopolistischen Instrumentalisierung von kollektiven Ressentiments soll durch einen Pluralismus von Emotionsbearbeitern entgegengewirkt werden. Die Praxis der Politikerauslese in fortgeschrittenen liberalen Demokratien bestätigt diesen Gedanken. So stehen heute den Anstrengungen zum Aufbau eines medialen Charismas moderner Politiker zahlreiche Techniken der Entmythologisierung, der Karikatur, der Ausschlachtung von Skandalen und des Sarkasmus gegenüber, die sich nicht zentral kontrollieren lassen.[68] Ein solches Wechselspiel zwischen dem Aufbau und der polemischen Infragestellung des Images von Politikern liegt auf der Linie der Überlegungen Webers, der damit die Gefahr einer großen, revolutionären Affektexplosion in einen friedlichen Fortschrittsprozeß transformieren wollte. Daß Weber dabei das Paradox von Aktivierung und Instrumentalisierung der »Massen« demokratietheoretisch nicht zufriedenstellend gelöst hat, ist unbestreitbar. Immerhin jedoch taucht der Gedanke einer institutionellen Selbstbeeinflussung und Modulierung des kollektiven Gefühlslebens auf, der das Emotionsproblem von den überlieferten Konnotationen des Bestialischen, Infantilen oder Femininen reinigt.

Leib und Seele im Kapitalismus

Neben dem Dualismus von Verstand und Emotion verdient das Begriffspaar von Leib und Seele im Rahmen von Webers Konzeption des Kapitalismus eine kurze Betrachtung. Die »Lebensführung« ist ja für Weber, wie bereits deutlich geworden ist, keine rein geistige Größe. Ein treffendes Synonym, das in der Religionssoziologie zu finden ist, lautet: »psychophysischer Habitus« (RS I: 518). Wenn Weber von »religiöser Fundamentierung« (RS I: 202 f.) spricht, so sind das Objekt dieser Fundamentierung weder »Wirtschaft« noch »Gesellschaft«, sondern bestimmte Ethiken. Andererseits ist Weber – ähnlich wie Marx – stark an der Freilegung der »ökonomisch-soziologischen Unterlagen« (WG: 756) der Institutionen des Überbaus interessiert. In dieser Hinsicht also läßt sich eine starke Differenz zu Marx nicht begründen.

Markante Unterschiede sind demgegenüber eher in der Klassentheorie, besonders in der Bestimmung der Arbeiterklasse, festzustellen.[69] Bei Weber ist der »Klasse« die individuelle »Klassenlage« vorgeordnet, die sich wiederum, im Unterschied zur Marxschen Klassenbestimmung, direkt aus der »Marktlage« ergibt, d.h. aus typischen Chancen der Güterversorgung und den daran geknüpften Lebensaussichten. »Klasse« ist für Weber ein Sammelbegriff für gleichartige Klassenlagen. Aus der Tatsache gleichartiger Klassenlagen (Marktlagen oder »ökonomische Interessen«) ergibt sich jedoch keineswegs, daß Klassen unmittelbar als solche »Gemeinschaften« bilden und als Gemeinschaften handeln. Eine scheinbar ähnliche Denkfigur kannte auch der ältere Marxismus, der die »Klasse an sich« von der »Klasse für sich« unterschied und in der Konsequenz das Zu-sich-selbst-Kommen der Klasse propagierte. Und wie selbstverständlich ging man davon aus, daß die Arbeiterklasse, einmal zum Bewußtsein ihrer objektiven Interessen gelangt, ihr revolutionäres Potential ausschöpfen und sich gegen den Kapitalismus erheben werde.

Weber ist nun in einer Hinsicht deterministischer als diese Lesart des Marxismus, insofern er nämlich davon ausgeht, daß die Individuen gerade unter »alltäglichen« Bedingungen ihre tatsächlichen Interessen erkennen und zum Leitfaden ihres Handelns machen. Der Versuch, auf dieser Ebene ein »falsches Bewußtsein« zu oktroyieren, muß nach Weber scheitern. Trotzdem erscheint ihm nichts lächerlicher als die Angst vor dem »roten Gespenst«, von der so viele seiner Klassengenossen im wilhelminischen Deutschland ergriffen waren. Gerade weil sich die Arbeiter keineswegs in einem Grundwiderspruch zur Bourgeoisie befinden, müssen sie – durch die Parlamentarisierung des Staates – an der politischen Macht beteiligt werden.

»Denn in jenem einen wichtigen Punkt: dem Interesse an der Wirtschaftsrationalisierung, ist, trotz aller sozialen Gegensätze, das Interesse der Arbeiterschaft mit dem der organisatorisch höchststehenden Unternehmer und sind beide mit dem politischen Interesse an der Erhaltung der Weltstellung der Nation, nicht immer in den Einzelheiten, wohl aber im Prinzip, identisch und schnurstracks entgegengesetzt dem Interesse aller Pfründnerschichten und aller ihnen kongenialen Vertreter ökonomischer Stagnation.« (PS: 251)

Wenn es einen sozialen Grundwiderspruch gibt, dann ist es für Weber nicht der zwischen Kapital und Arbeit, sondern der zwischen produktiven und unproduktiven Erwerbsstilen und Bevölkerungsgruppen. Wie nur wenige Zeitgenossen ist Weber dementsprechend gegen Schutzzölle zugunsten der preußischen Agrarlobby, für die weltwirtschaftliche Einbindung Deutschlands und übrigens auch für die Vermeidung eines Krieges gegen England – sozusagen ein früher Anhänger der »Globalisierung«.[70] Stets ist es dabei der Gegensatz von »Erwerbskapital« und »Rentenvermögen«, von rationalem Betriebskapitalismus und politisch gestütztem Raubkapitalismus, der sein politisches Denken prägt. Weber spricht von einem »abgrundtiefen Gegensatz« der jeweils konstitutiven »Gesinnung« der beiden Arten der Aneignung eines wirtschaftlichen Mehrprodukts (PS: 253), zugleich aber auch von einer »Doppelnatur« der kapitalistischen Mentalität. Der bürokratische Alltagskapitalismus ist durchdrungen von einem charismatisch aufgeladenen Kapitalismus, in dem weniger der Erwerb als buchstäblich die »Jagd« nach wirtschaftlichem Gewinn im Mittelpunkt steht und sich folglich eine »Beutegefolgschaft« (WG: 659) herausbildet, die, wie wir heute wissen, ganze Gesellschaften zersetzen kann.

Gesellschaftstheoretisch verweist dieser Gegensatz von Profit und Rente auf Webers Konzept *zweigleisiger* Vergesellschaftung. Der zweckrationale »Tausch« auf Märkten ist demnach nicht der einzige reine Typ moderner Vergesellschaftung. Der Vermarktlichung steht gleichrangig die Vergesellschaftung durch Organisationen in Gestalt von »Zweck-« oder »Gesinnungsvereinen« (WG: 22) zur Seite. Diese wiederum können nach dem Vorbild protestantischer Sekten das Marktgeschehen ethisch unterfüttern oder aber umgekehrt nach dem Vorbild mafioser Vereinigungen gewaltbasierte Privilegien sichern, die zur Aneignung von Renten anstatt zur Erwirtschaftung von Profiten führen.

Während Weber für seine Zeit noch keinen Mafiakapitalismus kommen sieht, beobachtet er immerhin die Konsolidierung eines »organisierten Kapitalismus«. Darunter verstand der österreichische Sozialdemokrat Rudolf Hilferding, der 1915 diesen Ausdruck prägte, die forcierte Bildung von Kartellen, Konzernen und Syndikaten, die Bürokratisierung von Verbänden und Großbetrieben, den Ausbau des Interventionsstaates sowie nicht zuletzt die Vereinbarung eines Produktivitätspaktes zwischen den großen produktiven Gesellschaftsklassen. Weber beurteilt die Folgen dieses von ihm in seinen frühen Keimen diagnostizierten Paktes durchaus ambivalent. Zwar ist die Demokratie, wie er sie versteht, auf eine freiwillige Klassenallianz angewiesen, andererseits erzeugt die »Wirkung materieller Interessen« von sich aus weder Reform noch Revolution, sondern eine neue Form der politisch-bürokratischen Herrschaft: das »Gehäuse für die neue Hörigkeit« (PS: 63).

So gesehen erwartet Weber weder vom Kampf noch von der Allianz der Klassen eine weitreichende politische Befreiung. Hier besteht ohne Zweifel ein Hauptunterschied zum politischen Marxismus. Andererseits fällt die kuriose Übereinstimmung auf, die zwischen Weber und dem italienischen Marxisten Antonio Gramsci besteht, der in seinen 1934 verfaßten Notizen über *America-*

nismo e fordismo die Vereinigten Staaten dafür lobte, »das Leben des gesamten Landes auf die Produktion zu gründen«[71] und die Erfordernisse der Produktivitätsentwicklung zum Maß aller Dinge zu machen. Ähnlich wie Weber, der, wie wir gesehen haben, die »Kaffeehausintellektuellen« der modernen Großstädte als Profiteure und Anheizer einer irrationalen Affektpolitik identifiziert, sieht Gramsci bei denjenigen sozialen Gruppen, die nicht der Disziplin produktiver Arbeit unterworfen sind, die Gefahr einer »regressiven« Propaganda moralischer Haltlosigkeit und sexueller Libertinage.[72] Gramsci unterscheidet genau wie Weber zwischen der meßbaren Arbeits*eignung* und der mentalen *Neigung* zur Arbeit und plädiert in diesem Zusammenhang für neue, repressionsarme Instrumente der betrieblichen Menschenführung, die nicht allein das äußere Verhalten der Arbeitenden, sondern auch ihre moralischen Motive und Überzeugungen regulieren.

Wie Gramsci ist auch Weber bestrebt, das »Individuum« der klassischen Nationalökonomie zu zerlegen, um Herrschafts- und Selbstbeherrschungsverhältnisse freizulegen, die dieses Individuum überhaupt erst konstituieren. Der Kapitalismus, zumal der »organisierte«, beruht nicht einfach auf dem wirtschaftlichen Handeln von Individuen, sondern auf »Erwerbsbetrieben«, die als »Anstalten« (WG: 53, 28) organisiert sind. Seit den Protestantismusstudien hatte Weber allerdings im wesentlichen die Selbstkonstitution des westeuropäischen und nordamerikanischen *Bürgertums* und seiner spezifischen Wirtschaftsethik analysiert, auch wenn gelegentlich Arbeiter und Arbeiterinnen genannt werden, z.B. jene deutschen »Mädchen pietistischer Provenienz«, die die Arbeit als Selbstzweck empfinden und folglich auch eine »Erhöhung der Akkordsätze« (RS I: 47) eher mitmachen als etwa ihre katholischen Kolleginnen.

Die Frage, wie es eigentlich um die Wirtschaftsethik der *Arbeiterklasse* steht, behandelt Weber erst einige Zeit später im Rahmen eines breit angelegten Forschungsprojekts des Vereins für Sozialpolitik mit dem Arbeitstitel »Untersuchungen über Auslese und Anpassung der Arbeiter in den verschiedenen Zweigen der Großindustrie«. Die beiden zentralen Veröffentlichungen Webers, die aus diesem Projekt hervorgegangen sind, sind die *Methodologische Einleitung* (1908) und die Studie *Zur Psychophysik der industriellen Arbeit*, deren letzter Teil im September 1909 im *Archiv für Sozialwissenschaft und Sozialpolitik* erschienen ist.

Weber bemerkt ausdrücklich, daß die Fragestellungen, von denen er sich zusammen mit seinen Kollegen leiten läßt, nur einen »Teil einer sozialwissenschaftlichen Analyse der modernen Großindustrie« umfassen. Als Zweck der Untersuchungen gibt Weber an, »ein Bild von der Kulturbedeutung des Entwicklungsprozesses, den die Großindustrie vor unsern Augen durchmacht« (SS: 59), geben zu wollen. Wiederum ist es also der »Geist« des Kapitalismus, der seine Aufmerksamkeit gefangen nimmt, aber doch mit einer gegenüber den Protestantismusstudien veränderten Zuspitzung. Während es in der *Protestantischen Ethik* unter anderem um die kausale Wirkung einer bestimmten ethischen Lebensführung für die Herausbildung des modernen Kapitalismus ging, kommt es nunmehr umgekehrt darauf an herauszufinden, welche »spezifischen Wirkungen« der »Apparat« der modernen Großindustrie »auf die Menschen und ihren ›Lebensstil‹« ausübt. In dem Maße, wie die industrielle Techno-Struktur tatsächlich »das geistige Antlitz des Menschengeschlechts fast bis zur Unkenntlichkeit verändert hat und weiter verändern wird« (SS: 60), ist sie aus der Sicht Webers ein zentraler Gegenstand der Sozialforschung.

Diese Schlüsselbedeutung von Industrie und Technik, die in der Weberliteratur oft vernachlässigt worden ist[73], wird noch durch eine klassentheoretische Pointe erhöht. Weber hat die sozialen Konsequenzen des dritten Industrialisierungsschubes im Blick, der in Deutschland ab 1890 von der Chemie-, Elektro- und

Maschinenbauindustrie getragen worden ist und zu einer Heterogenisierung und Enttraditionalisierung des Bürgertums, insbesondere zu einem Auseinandertreten von »Besitz« und »Bildung«, geführt hat. Insofern nun auch die Bourgeoisie ihr heroisches Image verliert und abhängig wird von den industriellen »Apparaten«, die sie geschaffen hat, assimiliert sie nicht das Proletariat (etwa an ein protestantisches Arbeitsethos), sondern paßt sich umgekehrt an dessen Mentalität an:

»Das moderne Proletariat aber ist, soweit es religiös eine Sonderstellung einnimmt, ebenso wie breite Schichten der eigentlich modernen Bourgeoisie durch Indifferenz oder Ablehnung des Religiösen ausgezeichnet. Die Abhängigkeit von der eigenen Leistung wird hier durch das Bewußtsein der Abhängigkeit von rein gesellschaftlichen Konstellationen, ökonomischen Konjunkturen und gesetzlich garantierten Machtverhältnissen zurückgedrängt oder ergänzt.« (WG: 295 f.)

Weber möchte herausfinden, ob die moderne Großindustrie ohne Ethik auskommt und inwiefern die *Arbeitsmoral* durch eine von außen kontrollierte *Arbeitsdisziplin* zu ersetzen ist. Im einzelnen soll untersucht werden, ob sich die Arbeiterklasse sozial eher vereinheitlicht oder differenziert; in welchem Maße sich die Industrie von den handwerklichen oder moralischen »Qualitäten ihrer Arbeiter« emanzipiert; inwieweit der »›Standardisierung‹ der Produkte eine Standardisierung auch der Arbeiter entspricht«; welche Rolle die »Arbeitsfreude« spielt; und schließlich, wie sich alle diese Faktoren auf Leib und Seele, d.h. auf die »psychophysische und charakterologische Eigenart der Arbeiterschaft« (SS: 14 f.) auswirken.

Der Begriff der »Psychophysik« wurde von Gustav Theodor Fechner (1801-1887) geprägt, der für das Verhältnis von Körper und Geist zwar nicht kausale, wohl aber enge »functionelle Beziehungen«[74] postuliert hat. Erst wenn man wie Weber diese Annahme teilt, muß die »Umgestaltung der physiologischen Inanspruchnahme der Arbeiterschaft« (SS: 18) im Rahmen forcierter Industrialisierungsprozesse weitreichende *kulturelle* Auswirkungen haben.

Weber erfaßt – überspitzt ausgedrückt – den Arbeiter als soziale und politische Figur, indem er dessen »psychophysischen Apparat« (SS: 62) zum Ausgangspunkt nimmt. Nur so lassen sich die Geduld und Sorgfalt erklären, mit denen er einen Berg von experimentalpsychologischer, anthropologischer und psychophysiologischer Literatur abträgt, um die Konzepte der »Ermüdung«, »Erholung«, »Übung« und »Gewöhnung« im Zusammenhang mit veränderten industriellen Arbeitsbedingungen zu studieren. Offenkundig stehen diese »industriesoziologischen« Arbeiten in einem Kontext, der mit dem Namen des amerikanischen Ingenieurs F.W. Taylor am besten zu kennzeichnen ist. Taylors Grundlegung der »wissenschaftlichen Betriebsführung«, die auf der Rationalisierung der Kräfteökonomie des Arbeiters durch exakte Meßverfahren beruht (»time-and-motion studies«), wurde in Deutschland ungefähr 1907 bekannt, vor allem aber in den beiden letzten Vorkriegsjahren diskutiert.[75] Webers Psychophysik fügt sich in diese Tendenz ein. Die Grundlage für brauchbare Ergebnisse über Leistungen und Leistungsschwankungen von Arbeitern ist nach Weber »eine lange Zeit hindurch währende Beobachtung des Arbeiters während der Arbeit nach vorausgegangener genauer technischer und physiologischer Analyse der Art der Ansprüche, welche die Maschine stellt« (SS: 240 f.).

Den konkreten Wert der Untersuchungen des Vereins für Sozialpolitik schätzt Weber nicht hoch ein, wie aus einem Diskussionsbeitrag aus dem Jahre 1911 hervorgeht. Aber zugleich fügt er hinzu: »der Verein steht mit dieser Erhebung heute *am Anfang* dessen, was er will, und nicht am Ende, und er wird Jahrzehnte an dieser Sache langsam und ruhig weiterzuarbeiten haben« (SS: 424).

Immerhin: Ein Anfang war gemacht, und es ist bemerkenswert, daß Weber die junge Soziologie auf ein »Interesse an der Wirtschaftsrationalisierung« (PS: 251) einschwören und sie zum Juniorpartner des Produktivitätspaktes von Unternehmern und reformerischen Arbeitern machen will. Um rationelle Arbeitsabläufe zu sichern, »muß von den möglichst einfachsten Grundkomponenten der Arbeitsleistung ausgegangen werden«, formuliert Weber eine Grundidee des *scientific management*. Und weiter: »Es liegt auf der Hand, wie sehr diese Fragestellung dem Interesse unserer Disziplin entgegenkommt [...].« (SS: 64)

Eine demokratische Note läßt sich gleichwohl in Webers Beiträgen zur Industrieorganisation feststellen. Ähnlich wie der Autokratie in der staatlichen Sphäre mißtraut Weber der Autokratie im Betrieb, d.h. jeder einseitig an Befehl und Gehorsam orientierten Betriebsführung. Bereits 1905, auf einer Tagung des Vereins für Sozialpolitik, kritisiert er den »Schutzmannsjargon« der Fabrikordnungen und den autoritären Geist der deutschen Arbeitgeber:

> »Diesen Herren steckt eben die Polizei im Leibe, und je weniger der deutsche Staatsbürger offiziell im Deutschen Reiche politisch zu sagen hat, je mehr über seinen Kopf hinweg regiert wird, je mehr er Objekt der Staatskunst ist und nichts anderes, desto mehr will er da, wo er nun einmal pater familias ist – und das ist er eben auch im Riesenbetriebe –, denjenigen, die unter ihm sind, zeigen, daß er nun auch einmal etwas zu sagen hat und andere zu parieren haben. Dieser spießbürgerliche Herrenkitzel hat wieder und wieder die Nation Millionen und Abermillionen gekostet, er ist es auch, der den Charakter unserer Arbeiterbevölkerung verfälscht ...« (SS: 396 f.)

Der soziale Antimilitarismus, der an dieser Stelle exemplarisch zum Ausdruck kommt (und der nur scheinbar der »Kriegszentrierung« der Weberschen Soziologie widerspricht), gehört zu den stärksten Motiven, die sich in seinem Werk ausmachen lassen. Zusammenfassend können wir feststellen, daß Weber, trotz einiger kulturpessimistischer Anfechtungen, die tayloristische Ideologie der »efficiency« teilt; daß er, im Einklang mit späteren Reformmarxisten wie Gramsci und mit der Managementliteratur der Vorkriegszeit[76] militärische durch konsensuelle Unternehmensmodelle ersetzen möchte; und daß er an die Möglichkeit von Arrangements glaubt, bei denen sämtliche Beteiligten (Arbeiter und Unternehmer) gewinnen.

Schließlich erwägt Weber, ob es nicht auch eine Wirtschaftsethik der Arbeiterklasse gebe, ob z.B. der Sozialismus als ein »Religionssurrogat« in der Lage sein könnte, »schlummernde Qualitäten, die der Arbeitsleistung zugute kommen, zu wecken« (SS: 163). Hierin mag man erste Vorzeichen einer erst in unserer Zeit wirklich geführten Debatte erkennen, die darauf hinausläuft, über die tayloristische Zurichtung der Arbeitskräfte hinaus ihre *Subjektivität* für die betriebliche Organisation zu nutzen.[77] Grundsätzlich zeigt sich Weber jedoch entschlossen, den Arbeitenden kein selbständig motiviertes »wirtschaftliches Handeln« zuzubilligen. Das Versprechen der protestantischen Ethik, ihre Anhänger in die Lage zu versetzen, »*ein waches bewußtes helles Leben* führen zu können« (RS I: 117), scheint sich somit nicht für alle Menschen zu erfüllen.

3. Freiheit und »Realismus«. Webers Gegenwartsdiagnose und Zeitkritik

»Der ganze bürokratische Apparat ist ägyptischer Greuel«

Weber beschreibt die moderne Welt des Kapitalismus, teils aufgrund von Analysen, teils auf der Basis einer übermächtigen Stimmung, als Gefängnis und »ungeheures Gehäuse«. Die Metapher der Welt als Gefängnis findet sich schon bei Shakespeare, den Weber gern zitiert.[78] Wie wir gesehen haben, geht es Weber im einzelnen vor allem um »den Geist, der in diesem ungeheuren Gehäuse heute lebt« (SS: 60). Man könnte auch sagen: um die Transformationen dieses Geistes. Denn der klassische Geist des Kapitalismus, dieser »großartige Rationalismus« (WL: 604 f.), wie ihn Weber nachdrücklich nennt, ist, seit der Kapitalismus »auf mechanischer Grundlage ruht«, aus jenem »Gehäuse *entwichen*« (RS I: 204).

Was passiert, wenn der alte aktivistische Geist der bürgerlichen Epoche verschwindet? Unter diesen Bedingungen befürchtet Weber eine Verselbständigung entgegengesetzter Lebensordnungen und eine Überforderung der Integrationsfähigkeit der Individuen, die zu einem dauernden Wechsel zwischen zwei gleichermaßen bornierten Lebensstilen gezwungen werden: »Fachmenschen ohne Geist« stehen unvermittelt »Genußmenschen ohne Herz« (RS I: 204) gegenüber. Heutige Soziologen sprechen von dem Wechsel zwischen einem schematischen Leben in vorhersehbaren Regelmäßigkeiten, das Weber mit Maschinenvergleichen illustriert, und einem »episodischen«, von ständig wechselnden Reizströmen abhängigen Weltverständnis, das »alles Gegenwärtige nur noch als vorbeihuschendes Phänomen erfassen kann«[79]. Der drohende

Verlust an Freiheit geht einher mit einem wachsenden Gefühl der Sinnleere.

Die These vom Freiheitsverlust bezieht sich auf den Siegeszug bürokratischer Organisationsformen des sozialen Handelns, und zwar sowohl im privatwirtschaftlichen als auch im staatlichen Bereich. Einen dramatischen Zug erhält die These dadurch, daß der »Bürokratisierung« eine eigentümliche »Unentrinnbarkeit« (PS: 330) zugeschrieben wird, die man realistischerweise anerkennen müsse. Für Weber entspricht dem Übergang zum organisierten Kapitalismus eine Art Wechsel des Aggregatzustands des kapitalistischen Geistes, der aus seiner »flüssigen« Form in eine »geronnene« übergeht. In diesem Zusammenhang prägt Weber die berühmte Metapher vom »stahlharten Gehäuse der Hörigkeit«, die mit leichten Abwandlungen sowohl in den soziologischen als auch in den politischen Schriften wiederkehrt:

»Geronnener Geist ist auch jene *lebende Maschine*, welche die bürokratische Organisation mit ihrer Spezialisierung der geschulten Facharbeit, ihrer Abgrenzung der Kompetenzen, ihren Reglements und hierarchisch abgestuften Gehorsamsverhältnissen darstellt. Im Verein mit der toten Maschine ist sie an der Arbeit, das Gehäuse jener Hörigkeit der Zukunft herzustellen, in welche vielleicht dereinst die Menschen sich, wie die Fellachen im altägyptischen Staat, ohnmächtig zu fügen gezwungen sein werden, wenn ihnen eine rein technisch gute und das heißt: eine rationale Beamtenverwaltung und -versorgung der letzte und einzige Wert ist, der über die Art der Leitung ihrer Angelegenheiten entscheiden soll.« (PS: 332)

Offensichtlich hängen nun die Bürokratisierungsthese und die These vom Sinnverlust eng miteinander zusammen. Wer in einer »Menschenmaschine« (SS: 413), d.h. in einem rational und hierarchisch organisierten Großbetrieb, einer Behörde oder einer Armee arbeitet, der hat auch gute Chancen, zu einem Rädchen der Maschine zu verkommen, und zwar unabhängig davon, erstens, ob diese Menschenmaschine privat oder staatlich organisiert ist, und zweitens, welche Position er innerhalb des Apparats einnimmt.

Die Wahrscheinlichkeit, zu einem bloßen Zahnrad der sozialen Maschinerie zu werden, steigt in direktem Verhältnis zum Schwinden der charakterbildenden kulturellen Ressourcen, die nötig wären, um dieser Maschinerie »innerlich« zu trotzen. Wenn jene Ressourcen des asketischen Protestantismus erschöpft sind, wird das geschilderte Dilemma unausweichlich, und man kann nur noch innerhalb des Gehäuses der Hörigkeit eine fachidiotische Existenz fristen oder aber die Flucht in einen nicht weniger deprimierenden Konsumismus antreten. Wie begründet Weber diese sich abzeichnende Unmöglichkeit einer homogenen und sinnvollen Lebensführung? An einer zentralen Textstelle neigt er zu einer beinahe funktionalistischen Erklärung: Der alte Geist des Kapitalismus verschwindet, »seit« (und weil?) der »siegreiche Kapitalismus [...] dieser Stütze nicht mehr« *»bedarf«* (RS I: 204). Nun könnte man sich leicht vorstellen, daß der asketische Protestantismus weiterhin existiert, ohne als Stütze des Kapitalismus erforderlich zu sein. Eine Stütze (eine Krücke, eine Prothese) verschwindet nicht allein dadurch, daß sie nichts mehr stützt. Weber geht aber offensichtlich davon aus, daß der Protestantismus als Charakterbildner in dem Maße verschwindet, wie der Kapitalismus seiner nicht länger »bedarf«. Er verschwindet ungefähr so, wie in der Evolutionsgeschichte die Kiemen der Landtiere verschwunden sind.

Neben dieser Deutung, die das Verschwinden einer ethisch inspirierten Lebenspraxis mit ihrem Überflüssigwerden erklärt, unternimmt Weber noch einen zweiten Anlauf, um seine These vom Sinnverlust plausibel zu machen. Ähnlich wie nämlich dem Geist des Kapitalismus eine beschränkte kausale Effektivität beim Aufbau eines funktionierenden kapitalistischen Systems zugerechnet werden kann, ist umgekehrt dem organisierten Kapitalismus eine eigene kausale Potenz bei der Zerrüttung jenes Geistes zuzurechnen. Der ethische Geist der Berufsaskese verschwindet dieser Überlegung zufolge nicht allein wegen seines Funktionsverlustes, sondern weil er aktiv erstickt wird durch jene bürokratischen Mächte, die er selbst mit ins Leben gerufen hat.

Weber steht unter dem Eindruck eines rapiden Wachstums der staatlichen Bürokratie, die für ihn – ebenso wie für zahlreiche seiner Zeitgenossen – ein gemeinsames Band zwischen alten und neuen Formen der Unterdrückung symbolisiert. Im Jahre 1870 kamen im Deutschen Reich auf einen Beamten noch 825 Einwohner, während es 1905 nur noch 216 waren.[80] Weber hält diese Entwicklung in verschiedener Hinsicht für beunruhigend, nicht zuletzt auch wegen ihrer Folgeschäden für die Prägung der Subjekte. Noch schlimmer als eine Welt voller »Professoren«, so Weber in einem Debattenbeitrag 1909, wäre eine Welt, die »mit lauter Menschen angefüllt sein soll, die an einem kleinen Pöstchen kleben und nach einem etwas größeren Pöstchen streben«. Die Bürokratisierung dementiert das westliche Ideal der Persönlichkeit, indem sie die ihr unterworfenen Individuen unfähig macht zur aktiven Assimilation der bestehenden Ordnung. Sie begünstigt statt dessen die Entwicklung von Individuen, »die nervös und feige werden, wenn diese Ordnung einen Augenblick wankt, und hilflos, wenn sie aus ihrer ausschließlichen Angepaßtheit an diese Ordnung herausgerissen werden« (SS: 414). Weber beobachtet also, kurz gesagt, die sozialanthropologische Paradoxie, die darin besteht, daß das westliche Bürgertum in seinem Bestreben, die »Natur« zu beherrschen, dahin gelangt, die Gesellschaft zu renaturalisieren und nur den passiv »Angepaßten« Überlebenschancen einzuräumen.

Welche Begründungsstrategie man im einzelnen auch einschlägt, es ist jedenfalls kaum bestreitbar, daß Webers Zeitdiagnose auch heute noch spürbare Trends erfaßt und effektvoll dramatisiert. Interessant ist besonders seine Annahme eines Wechselverhältnisses zwischen dominanten Organisationsstrukturen und Subjektprägungen in Politik und Gesellschaft. Wenn man seine hart/weich-Metaphorik verwendet, verhalten sich »harte« bürokratische Zwangsverhältnisse und »harte« bzw. »weiche« Persönlichkeitsstrukturen asymmetrisch zueinander. Die »stahlharten puritanischen Kaufleute« (RS I: 105) aus der Frühzeit des Kapitalismus und das »stahlharte Gehäuse der Hörigkeit« schließen einander direkt aus, während der bürokratisierte Kapitalismus in dem Maße, wie sich seine Strukturen verfestigen und »unentrinnbarer« werden, die Ausbildung »weicher«, gefügiger, hedonistischer Subjekte begünstigt.

Ein bedrückendes literarisches Zukunftsbild einer Gesellschaft, deren Mitglieder zugleich bürokratisch kontrolliert werden *und* zügellos ihren Impulsen folgen, hat wenige Jahre nach Webers Tod Alfred Döblin in seinem Roman *Berge, Meere und Giganten* vorgelegt.[81] Döblin zeichnet darin das Panorama einer erbarmungslosen nachbürgerlichen Ordnung, in der die Massen, nachdem alle Aufstände gescheitert sind, nur noch ein unfreies Anhängsel des »Industriekörpers« und der »großen Verbände« sind. Sie sind verweichlicht, mitleidlos und durch Massenspektakel und Scheinparlamente leicht verführbar, während über ihnen eine »ungeheure völlig luxushafte Bürokratie« thront, die keinerlei Gemeinwesen mehr organisiert, sondern ihrerseits ein Opfer der gigantischen technischen Kräfte wird, die sie einst zu beherrschen glaubte.

Um die Reichweite von Webers ähnlich düsterer Zeitdiagnose ermessen zu können, ist es nützlich, genauer zu bestimmen, was mit dem Bild vom Gehäuse der Hörigkeit gemeint ist. Bei näherem Hinsehen wird deutlich, daß die Kausalkette, die von den »stahlharten« Puritanern zum ebenso harten Gehäuse der Gegenwart führt, mehr Glieder aufweist als man annehmen könnte. Zunächst aber: Das Gehäuse der Hörigkeit ist nicht identisch mit dem modernen Kapitalismus, und alle Versuche, Weber in diesem Sinne von »links« zu lesen, müssen zurückgewiesen werden. Mit dem Bild vom Gehäuse der Hörigkeit werden entweder nichtkapitalistische Phänomene bezeichnet oder aber Phänomene, die sich aus der Synthese von längst totgeglaubten vormodernen sozialen Gebilden mit dem modernen Kapitalismus ergeben.[82]

Vor allem dieser letzte Gesichtspunkt bildet einen Knotenpunkt im Denken Max Webers. Am Schluß der Studie über *Agrarverhältnisse im Altertum* findet sich eine Aussage, die für Webers Geschichtsauffassung aufschlußreich ist. »Zeitweise gänzlich versunkene Erscheinungen der antiken Kultur«, heißt es dort, »sind später in einer ihnen fremden Welt wieder aufgetaucht.« (SW: 278) Für die Gegenwart sind es vor allem das sogenannte »Leiturgieprinzip« sowie die autoritäre Verwaltung, die in neuer Maske wiederkehren. Beide Techniken verbinden sich aus der Sicht Webers mit der Geschichte des pharaonischen Fronstaates in Ägypten:

> »Aegypten hat zwei Institutionen zuerst und in nachher nicht wieder erreichter Vollkommenheit verwirklicht: 1. das Leiturgieprinzip: Bindung des Besitzes an die staatliche Funktion, des Besitzers an Funktion und Besitz, – und 2. die bureaukratische Verwaltung. Beide Prinzipien haben, in der Spätzeit der Antike, von hier aus die Welt erobert, und mit ihnen, als ihr unverlierbarer Schatten, der ›Apolitismus‹ der beherrschten Völker [...]. Ferner aber scheint es möglich, daß wichtige betriebstechnische Institutionen der antiken Arbeitsorganisation, nämlich: 1. die Wirtschaft mit disziplinierten und kasernierten, unfreien Arbeitern, 2. die unfreie Heimarbeit, 3. der Kolonen-Fronhof und ihre verschiedenen Kombinationen miteinander von Aegypten aus ihren Ausgang genommen haben ...« (SW: 83)

Der Anfang dieser Textstelle läßt sich zwanglos auf Webers Einschätzung des wilhelminischen Kaiserreichs, des Musterbeispiels für »kontrollfreie Beamtenherrschaft«, abbilden, während besonders der zweite Teil des Zitats die späteren nazistischen und stalinistischen Praktiken der Militarisierung der Produktion vorwegzunehmen scheint. Eine Erläuterung verdient noch der etwas schwierige herrschaftssoziologische Begriff des Leiturgiewesens. Darunter ist eine Form der Selbstversorgung und Selbstfinanzierung der politischen Elite zu verstehen, die die Bevölkerung in Zwangsverbänden organisiert, denen gegenüber jedes einzelne Mitglied entweder mit seinem Besitz oder mit seiner Person haftbar ist. (vgl. WG: 211, 437, 592 f., 607 f.) Leiturgische Systeme sind also solche, die die freie Assoziation sowie die ökonomische Initiative der Bürger und Produzenten systematisch verhindern und damit, wie sich Weber prägnant ausdrückt, eine »zwangsmäßige Schematisierung der Lebensführung« (WG: 439) heraufbeschwören.

Es ist bemerkenswert, daß Weber in seinen politischen Schriften von einer drohenden »Belastung berufsgegliederter Verbände mit Staatsaufgaben« (PS: 332) spricht. Er prognostiziert damit ein Kernelement des faschistischen Korporatismus, das einige Zeit nach seinem Tod, und zwar erstmals mit dem italienischen Gewerkschaftsgesetz vom April 1926, verwirklicht werden sollte. Zugleich begegnet er gewissen Elementen sozialer Bewegung, wie sie sich nicht nur im Vorfeld des Faschismus, sondern auch im modernen Sozialismus finden lassen, mit einer gewissen Sympathie. Bewundernd spricht er vom Kameradschaftsgeist innerhalb der Arbeiterbewegung und ihrem kollektiven *»Schwung«*. (vgl. SS: 405, 452, 494; PS: 318) Manchmal gewinnt man den Eindruck, daß Weber in den deutschen Arbeitern ein Pendant zu jenen altisraelitischen Bauern gefunden zu haben glaubt, die den »heißen Ofen« des ägyptischen Fronstaates seit jeher fürchteten und verabscheuten: »Die Umwandlung des Staates in einen Leiturgiestaat, in ein ›ägyptisches Diensthaus‹«, so Weber, »ist ihnen die Quelle alles

Uebels. Der ganze bürokratische Apparat ist ägyptischer Greuel, Volkszählungen ziehen, selbst wenn Jahwe selbst dazu – zur Strafe für Sünden – die Anregung gegeben hat, eine Pest nach sich [...].« (RS III: 120).

Um so unheimlicher ist ihm der Verstaatlichungs-Sozialismus der Sozialdemokratie seiner Zeit, der nicht weniger »altägyptisch« sei als der konservativ-monarchische Bürokratismus. (vgl. WG: 61 f., 863 f.) Weber empfindet einigen Respekt z.B. für August Bebel, der das kapitalistische System anprangerte und doch zugleich die kaiserliche Armee lobte und verehrte. Es ist nicht diese Inkonsequenz, die er an der älteren Sozialdemokratie kritisiert. Vielmehr kritisiert er ihr Politikverständnis und ihre »schroffe Parteiherrschaft«. Die sozialdemokratische Partei steht im Begriff, so beobachtet Weber 1907, »sich in eine gewaltige bureaukratische Maschine zu verwandeln, die ein ungeheures Heer von Beamten beschäftigt« (SS: 408). Daran stört Weber weniger der Vorgang selbst, den er für unvermeidbar hält, als gewissermaßen das falsche Bewußtsein seiner Teilnehmer. In einem Vortrag mit dem Titel *Der Sozialismus*, den er 1918 in Wien auf Einladung einer vom Armeeoberkommando eingerichteten »Feindespropaganda-Abwehrstelle« vor österreichischen Offizieren hält, macht Weber diesen Vorwurf der intellektuellen Unredlichkeit zu einem der Ausgangspunkte seiner Kritik. (SS: 492-518) Natürlich unterscheidet er zu diesem Zeitpunkt bereits zwischen der westeuropäischen Sozialdemokratie, die noch glimpflich davonkommt, und dem bolschewistischen Sozialismus, den er – in der Person Trotzkis – ungleich schärfer angreift. In diesem Zusammenhang fällt übrigens auch das Wort vom drohenden »Bürgerkrieg in Deutschland« (SS: 515).

Worauf es bei der Kritik an der deutschen Sozialdemokratie ankommt, ist folgendes: Während die Sozialdemokratie eine Zeitlang an das »allmähliche Hineinwachsen« (SS: 510) des organisierten Kapitalismus in den Sozialismus glaubte, verkannte sie ihr eigenes Hineinwachsen in den bürokratischen Staat. Sie begnügt sich damit, dieselbe Entwicklung, die auch Weber diagnostiziert, anders zu interpretieren, anstatt sie aktiv zu beeinflussen. Auch Weber glaubt, daß der moderne Kapitalismus nicht Widersacher, sondern »Schrittmacher« der Bürokratisierung der Wirtschaft ist und daß diese Bürokratisierung eines Tages den Kapitalismus ruinieren wird (vgl. SW: 277 f.). Gegen die Eventualität dieser Entwicklung möchte er allerdings den ökonomischen und sozialen Unternehmungsgeist der Arbeiter wecken, während der evolutionäre Sozialismus mit dem Umstand spekuliert, daß für die Leitung des organisierten Kapitalismus scheinbar keine »spezifischen Unternehmerqualitäten« mehr benötigt werden. Daran, daß im heraufziehenden Ägyptizismus des Verwaltungsstaates möglicherweise überhaupt keine individuellen Qualitäten mehr gefragt sein könnten, denken die Intellektuellen des Sozialismus dabei nicht. Erst der »sogenannte ›Revisionismus‹« sei sich »wenigstens zum Teil bewußt« (SS: 510) geworden, daß das »Glaubensbekenntnis« der älteren Sozialdemokratie preisgegeben werden müsse. Das ist es, was Weber von den Sozialisten verlangt: ein waches Bewußtsein von der Realität.

Die ältere, nichtrevisionistische Sozialdemokratie, wie sie theoretisch von Kautsky, politisch von Bebel und anderen repräsentiert wurde, nimmt – so läßt sich zusammenfassen – in der Beurteilung Webers eine Sonderstellung ein. Die Freiburger Antrittsrede von 1895, in der sich Weber stolz »ein Mitglied der bürgerlichen Klassen« nennt, und einige Zeitungsartikel aus derselben Zeit scheinen zunächst das Ziel zu verfolgen, dem Bürgertum die »spießbürgerliche Furcht vor dem roten Gespenst« (PS: 31) zu nehmen. Der Tenor dieser Texte ist, daß die Sozialdemokratie unendlich viel harmloser sei, als sie sich gebärde. Diese Entlarvungsrhetorik scheint sich aber bisweilen nicht nur *gegen*, sondern auch *an* die Sozialdemokratie bzw. die von ihr repräsentierten Arbeiterschichten zu richten. Dieser neue Adressatenbezug wird deutlich in der Schrift *Zur Lage der bürgerlichen Demokratie in Rußland*, die Weber im Anschluß an die russische Revolution von 1905 verfaßte. (PS: 33-68) Darin kritisiert er die Sozialdemokratie dafür, daß sie die Arbeiter parteidisziplinarisch drille, anstatt sie zu »erziehen«. Weber möchte die sich radikal gebärdende Sozialdemokratie weder mäßigen oder in die bestehende Ordnung zurückholen, noch will er sie loswerden; vielmehr soll die moderate politische Linke zu einem Erzieher erzogen werden, d.h. zu einer Kraft, die die »plebejischen« Schichten Deutschlands auf politische Führungsaufgaben vorzubereiten in der Lage ist.

Es ist jetzt also die Sozialdemokratie, der die »Spießbürgerlichkeit«, diese Karikatur des Puritanismus, ausgetrieben werden soll. Der Puritanismus hatte sich gerade wegen seiner religiösen Jenseitsorientierung Verdienste um die Freiheit im Diesseits erworben, während der Sozialismus leerformelhafte politische Glaubensbekenntnisse mit einer antiliberalen politischen Praxis kombiniert. (vgl. PS: 65)[83] In den Gestalten, in denen er sich zeitgenössisch präsentiert, ist der Sozialismus für Weber das Musterbeispiel einer Pseudo-Opposition, die unbewußt sogar noch zur Verstärkung der Tendenzen beiträgt, die in einem neuen Gehäuse der Hörigkeit enden müssen.

Moderne als Schicksal und Chance

Um die Frage nach Webers »Politik« beantworten zu können, muß zunächst der mögliche Gegenstand der kulturellen oder politischen Opposition definiert werden. Dieser Gegenstand sind die »Bürokratisierung« und die ihr entsprechenden Schrumpfformen des kapitalistischen »Geistes«. Die Bürokratisierung wird von Weber an zahllosen Stellen als ein »unentrinnbarer« sozialer und politischer Prozeß beschrieben. Folglich kommt sie als Gegenstand einer frontalen Opposition überhaupt nicht in Frage. Weber bemüht sich nicht immer, den bürokratischen Rationalisierungsprozeß seinerseits rational zu erklären. Das liegt daran, daß er die Untersuchung der Funktionsweise des konsolidierten Kapitalismus im wesentlichen seinen nationalökonomischen Kollegen überläßt. Immerhin gibt es Hinweise darauf, daß Webers Bürokratisierungsthese auf einen technologischen Determinismus verweist, der wie folgt abgeleitet werden kann.

Kennzeichen der Bürokratisierung ist die fabrikmäßige Organisation des sozialen Handelns. Insofern ist auch der moderne Staat in dem Augenblick, da er die Beamten von ihren Betriebsmitteln trennt, eine Fabrik. (vgl. WG: 825) Aber nicht der Staat, sondern der moderne Kapitalismus ist der eigentliche »Schrittmacher« der Bürokratisierung. Worin aber besteht der Schrittmacher des modernen Kapitalismus? Offensichtlich, so Weber, in der Eigenart der modernen Technik, die den Kapitalismus, verstanden als »Trennung« der Produzenten von den Produktionsmitteln, unentrinnbar macht:

»Die ›Trennung‹ vom Betriebsmittel besteht in jedem Fall weiter. Solange es Bergwerke, Hochöfen, Eisenbahnen, Fabriken und Maschinen gibt, werden sie nie in dem Sinne Eigentum eines einzelnen oder mehrerer einzelner Arbeiter sein, wie die Betriebsmittel eines Handwerks im Mittelalter Eigentum eines einzelnen Zunftmeisters oder einer örtlichen Werkgenossenschaft oder Zunft waren. Das ist durch die Natur der heutigen Technik ausgeschlossen.« (SS: 499)

Auf diese Weise ergibt sich, daß die »Unentrinnbarkeit« der Bürokratisierung zuletzt auf der Annahme der Unentrinnbarkeit der technologischen Entwicklung beruht. Dies ist ein erster wichtiger Befund.

Webers politische Schriften sind von einer scheinbaren Donquichotterie bestimmt, die darin liegt, daß er ein Phänomen angreift, dessen Unempfindlichkeit gegen jegliche Angriffe er selbst im Namen einer vermeintlich »realistischen« Sicht der Dinge immer wieder beteuert. Nachdem er auf einer Tagung des Vereins für Sozialpolitik das Phänomen der Bürokratisierung beschrieben hat, fährt er fort: »Die Frage, die uns beschäftigt, ist nun nicht: Wie kann man an dieser Entwicklung etwas ändern? – *Denn das kann man nicht.*« Und beinahe im selben Atemzug stellt er die *»zentrale Frage«*, »was wir dieser Maschinerie *entgegenzusetzen* haben, um einen Rest des Menschentums freizuhalten von dieser Parzellierung der Seele, von dieser Alleinherrschaft bureaukratischer Lebensideale« (SS: 414). Diese Textstelle verdeutlicht, daß Weber unterderhand einen Unterschied macht zwischen der materiellen Bürokratisierung in Wirtschaft und Gesellschaft und der Dominanz »bürokratischer *Lebensideale*«, der mit der objektiven Bürokratisierung nur lose und indirekt verknüpft ist.

Folglich gibt es zwei Ebenen der Kritik: eine im engen Sinne politische Kritik, die in der Forderung nach parlamentarischer Kontrolle der Bürokratie, einem großzügigen Enqueterecht etc. mündet, und eine bestimmte Art der Kulturkritik, deren Resultate in der »Zwischenbetrachtung« zur *Wirtschaftsethik der Weltreligionen* vorliegen, die im November 1915 veröffentlicht und 1920 von Weber noch einmal überarbeitet worden ist. (RS I: 536 ff.) Die »Zwischenbetrachtung«, auf die ich kurz eingehen möchte, verknüpft zeitdiagnostische Elemente, in die auch persönliche Erfahrungen eingehen, mit einer systematischen religionssoziologischen Aufgabenstellung.

Teile der »Zwischenbetrachtung« hat Weber wahrscheinlich bereits vor dem Krieg verfaßt und im Rahmen des »Sonntags-Jour fixe« in seiner Heidelberger Villa vorgelesen, möglicherweise mit einem Seitenblick auf Georg Lukács' sozialistische »Brüderlichkeitsethik«. Lukács war ebenso wie Ernst Bloch ein treuer Gast des Zirkels. Um den Ruf der beiden zu charakterisieren, genügt es, einen Witz Emil Lasks wiederzugeben, der auf die selbstgestellte Frage, wer die vier Evangelisten seien, zu antworten pflegte: »Matthäus, Markus, Lukács und Bloch!« Nach dem Zeugnis von Paul Honigsheim repräsentierten die beiden Marxisten eine verbreitete Mentalität: »eine Abwendung von Bürgerlichkeit, Großstadtleben, Zweckrationalität, Quantifikation, Einzelwissenschaft und wie alle die sonstigen damals perhorreszierten Phänomene heißen mögen«[84].

Aus der Sicht Webers bildet diese Mentalität, für die er insbesondere im Falle Blochs nur beißenden Spott übrig hatte, ein modernisiertes »Weltablehnungsmotiv«. Bereits die religionssoziologischen Abschnitte in *Wirtschaft und Gesellschaft* haben ergeben, daß sowohl das moderne Proletariat als auch die moderne Bourgeoisie in religiöser Hinsicht unproduktiv sind und lediglich »ideelle Surrogate« (WG: 296) der Religion schaffen. Insofern lassen sich die verschiedenen Formen der politischen oder poetischen Suche nach dem »ganz Anderen« durchaus in eine »schematische und theoretische Konstruktion« (RS I: 536) eingliedern, deren genauer Titel lautet: »Theorie der Stufen und Richtungen religiöser Weltablehnung«. Weber nimmt sich vor, ein Schema zu entwikkeln, das objektiv mögliche Weltablehnungsmotive einordnen soll, also typische Konflikte einerseits zwischen Subjektivität und »Welt«, andererseits zwischen verschiedenen Formen von Subjektivität. Er bedient sich dabei einer etwas irreführenden Terminologie, indem er von ökonomischer, politischer, ästhetischer, erotischer und intellektueller »Wertsphäre« (oder »Lebensordnung«) spricht. Die ökonomische und die bürokratisch-politische Sphäre bieten aber seiner eigenen Diagnose zufolge gar keinen Raum für systematische subjektive Orientierungen, da innerhalb ihres Bereichs objektive Erfordernisse die Oberhand über subjektive Wertorientierungen gewinnen.[85] Tatsächlich geht es Weber gerade darum, die prinzipiell möglichen »letzten Stellungnahmen« in einer Welt zu skizzieren, die sich zu einem »Gehäuse der Hörigkeit« zusammenzuziehen droht.

Der Geist des Kapitalismus läßt sich ebenso wie der Ungeist, der in den modernen Anstaltsordnungen von Politik und Ökonomie spukt, durch zwei Eigenschaften definieren: er ist *rational* und *amoralisch*. Er diszipliniert die Unberechenbarkeiten und Plötzlichkeiten in Natur und Gesellschaft und er neutralisiert jede rationale ethische Stellungnahme. Die symmetrische Gegenposition zur »rationalen Versachlichung der Lebensordnungen« (RS I: 552) in der Moderne bestünde also in einer Einstellung, die zugleich *irrationalistisch* und *moralisch* wäre. Dies ist die Extremposition, die vom revolutionären Syndikalismus repräsentiert wird. Prominenter sind ethisch rationale Stellungnahmen, mit denen sich Weber auseinandersetzt, etwa Tolstois christlich inspirierter Pazifismus oder Lukács' früher, eschatologischer Sozialismus. Die »konsequente Brüderlichkeitsethik der Erlösungsreligionen« (RS I: 546) und ihre modernistischen Surrogate bergen in der versachlichten Welt eine potentiell revolutionäre Energie. Die Form, in der dieses eigentlich »unpolitische« Weltablehnungsmotiv politisch wirksam zu werden vermag, ist der »Glaubenskrieg« (RS I: 553).

Weber prognostiziert für die Nachkriegszeit das »Emporschießen« einer derartigen politisch wirksamen »unpolitischen Brüderlichkeitsethik« (PS: 366), und tatsächlich wird er die Spartakisten und den »Revolutionskarneval« der Jahreswende 1918/19 in diesem Sinne interpretieren – und verdammen. Das nicht bloß situative, sondern systematische Argument gegen die Ansprüche eines brüderlichkeitsethischen Radikalismus lautet aber, daß dieser sich selbst negiere, weil er »außerhalb der ökonomisch sorgenfreien Schichten« nicht Fuß fassen könne: »das Leben des Buddha, Jesus, Franziskus zu führen, scheint unter den technischen und sozialen Bedingungen rationaler Kultur rein äußerlich zum Mißerfolg verurteilt« (RS I: 571).

Neben den mehr oder weniger rationalen moralischen Weltablehnungsmotiven, die im modernen Kapitalismus »objektiv möglich« sind, gibt es andere Kräfte, die zugleich »arational oder antirational« (RS I: 554) und *amoralisch* sind. Gemeint sind die Felder der ästhetischen und erotischen Erfahrung, in denen die menschliche Freiheit eine existentielle Gestalt annimmt. Die Brüderlichkeitsethik, die Weber zum Ausgangspunkt seiner Diagnostik nimmt, findet hier ihren zweiten Gegner, denn sie steht dem »verantwortungslosen Genießen« und der »innerweltlichen Erlösung« (RS I: 555), wie sie Erotik und Ästhetik versprechen, ebenso feindselig gegenüber wie den zweckrationalen Ordnungen von Kapitalismus und Bürokratie. Andererseits haben Ästhetik und Erotik tatsächlich eine gewisse oppositionelle Wertigkeit, insofern sie sich gegen die, wenn man so will, anästhesierende Macht des modernen Kapitalismus richten. Insofern ist auch Webers Vorschlag angemessen, Erotik und Ästhetik – nach dem Kriterium arational/amoralisch – als gleichsinnige Sphären zu behandeln.[86]

Webers Beschäftigung mit der eigenständigen Sphäre erotischer Erfahrung, die in der letzten Fassung der »Zwischenbetrachtung« enthalten ist, verdankt sich – was wohl niemanden wundert – starken biographischen Eindrücken seiner reifen Jahre, in denen er eine Beziehung zu Else Jaffe-Richthofen – einer Pionierin der frühen Frauenbewegung – pflegte.[87] Sie war es, die Weber bereits 1908, auf Spaziergängen in Heidelberg, den »Wert« von Schönheit und Erotik (theoretisch) nahezubringen versuchte. Die soziale Frage, so erklärte sie etwa, sei nur noch »eine unter vielen«; worauf es ankomme, seien ästhetisch inspirierte Lebensentwürfe mit dem Ziel, »Abstand zu wahren zu dem, was unschön und voller quälender Probleme ist«[88].

Trotz der einfühlsamen Bestimmungen der ästhetischen und

erotischen Wertsphären, die wir Weber verdanken (vgl. RS I: 554 ff.), ist doch die Kritik nicht zu übersehen, die er an dem ästhetizistischen Projekt übt, gegenüber der Welt »Abstand zu wahren«. Er teilt die Diagnose und das Unbehagen an der technologischen Moderne, wie sie zu Beginn des 20. Jahrhunderts lebensreformerische Bewegungen oder die Mitglieder des George-Kreises formuliert haben – nicht aber deren Therapievorschläge. Nur in der Schwabinger Bohème habe man gewußt, schwärmte Stefan George, »daß die Dinge nicht so weitergehen konnten, daß sich die Menschheit zugrunde richtete und daß keine gesellschaftliche Utopie, sondern nur *Wunder*, *Aktion* und *Leben* helfen könnten«[89]. Immerhin: Im Unterschied zu den politischen Surrogaten der religiösen Brüderlichkeitsethik bringt der Ästhetizismus keinen Tugendterror und keine »Glaubenskriege« hervor, sondern begnügt sich mit Tumulten. Damit ist er auch gegen die politische Kritik immun, die Weber an den radikalen Varianten des »Kaffeehausintellektualismus« (WG: 314) übt.

Weber gelangt schließlich zur Idee einer Paradoxie der Moderne: Während der Objektivismus der modernen bürokratisch-kapitalistischen Ordnungen zur Austrocknung der Subjektivität der Individuen tendiert, bildet sich in den Nischen dieser Ordnungen eine »subjektivistische Kultur« (SS: 420), die sich – ohnmächtig – gegen die verkrusteten Institutionen der Macht auflehnt. Dies läuft auf eine Umkehrung von Religionskritik hinaus. Die Religion ist nicht wie bei Marx der »Seufzer der bedrängten Kreatur«, vielmehr sind die weltflüchtigen oder innerweltlichen Subjektivismen der Moderne nur die »Surrogatform« (RS I: 556) authentischer religiöser Praktiken.

Trotzdem ist Webers Verhältnis zu den verschiedenen lebensreformerischen Ansätzen der Jahrhundertwende größtenteils durch skeptische Neugierde und sogar ein gewisses Wohlwollen bestimmt. Dennoch plädiert er insgesamt für eine *nichtsubjektivisti-*

sche Antwort auf die Krise der Gegenwart: für »rationales Handeln innerhalb der Welt«. Dieses ist aber »unentrinnbar an die brüderlichkeitsfremden Bedingungen der Welt, die seine Mittel oder Zwecke sein müssen, gebunden und gerät daher irgendwie in Spannung zur Brüderlichkeitsethik« (RS I: 552). Die subjektivistischen Fluchten und die Suche nach dem »ganz Anderen« sind letzten Endes, um zwei von Weber gerne gebrauchte Attribute zu zitieren, politisch »steril« und intellektuell »unredlich«. Statt dessen schlägt er eine Kur gegen die Exzesse des modernen Rationalismus vor, die man »homöopathisch« nennen könnte. Unter Homöopathie versteht man bekanntlich Heilverfahren, bei denen dem Kranken solche Mittel gegeben werden, die – in größerer Menge – bei Gesunden ähnliche Erscheinungen hervorrufen würden wie die Krankheiten, gegen die sie angewandt werden. Statt Gegensätzliches mit Gegensätzlichem auszutreiben (»Contraria contrariis«), sei es geboten, so formulierte der aufklärerische Mediziner Samuel Hahnemann, Ähnliches durch Ähnliches zu heilen (»Similia similibus curantur«). Von hier aus läßt sich eine Analogie zu verschiedenen Kritikmodellen ziehen.

Die lähmenden Wirkungen der modernen Lebensordnungen und Anstalten auf den Menschen sollen mit Mitteln bekämpft werden, die ihrerseits eine »moderne rationale Form« (PS: 264) annehmen. Diese Mittel sind zum einen die *Wissenschaft*, und hier besonders die Sozialwissenschaft, zum anderen die *Politik*.

Die Wissenschaft bildet für Weber die einzige Wertsphäre, die sowohl eine systematische Verneinung »bürokratischer Lebensideale« durch die Förderung einer kritisch-experimentellen Gesinnung als auch eine ebenso systematische Abstraktion von bloß subjektiven Befindlichkeiten leistet. Wichtiger und plausibler ist vielleicht die Anwendung, die das »homöopathische« Kritikmodell im politischen Raum findet. Auch hier fordert Weber, analog zur Wissenschaftsethik, »die geschulte Rücksichtslosigkeit des

Blickes in die Realitäten des Lebens« (PS: 558). Im Mittelpunkt der Kritik stehen die innerhalb der politischen Sphäre anzutreffenden Fachmenschen ohne Geist, die »politischen Banausen und Techniker« (PS: 557), sowie die gesinnungsethischen Illusionisten der radikalen politischen Linken: Syndikalisten, Spartakisten, Räterepublikaner. Webers mit heroischem Gestus vorgetragener Realismus beruht auf der Denkfigur, daß die Bürokratisierung unter den Bedingungen hochindustrieller Massenstaaten »unentrinnbar« ist und folglich allenfalls parlamentarisch kontrolliert werden kann. Die Kontrolle des Staatsapparats setzt aber die Ausbildung eines starken Parlaments voraus, welches selbst als Staatsapparat fungiert. Nur weil der Parlamentarismus keine Ethik, sondern eine »Technik« (PS: 308) ist, verfügt er über das Potential, den Bürokratismus einzuschränken und *dadurch,* auf einem Umweg, »ethische« Ergebnisse zu erzielen.

Der technisch-rationalistische Grundzug, der durch den Parlamentarismus in den politischen Interessenbetrieb eingeführt wird, hat drei Aspekte: *Erstens* wird das politische Handeln der Berufspolitiker an quantitativen Stimmenkalkülen orientiert. Webers probabilistischer Herrschaftsbegriff, der durch die Chance auf Gehorsam definiert wird, ist insofern stark auf parlamentarisch-demokratische Bedingungen zugeschnitten. Erst jetzt werden die Chancen der politischen Herrschaft als solche problematisiert und durch die Einrichtung allgemeiner Wahlen sowie parteiinterner Abstimmungsprozeduren quantifizierbar gemacht. Die kaisertreuen, deutschnationalen Reaktionäre, die gegen das »Quantitative« und »Mechanische« des Parlamentarismus polemisieren, werden folglich von Weber kurzerhand als »unpolitisch« (PS: 263) abgekanzelt.

Zweitens begünstigt der Parlamentarismus den Aufbau professioneller Partei-»Maschinen«. Es ist wichtig zu sehen, daß Weber sich gegen die lähmenden Effekte von großen Apparatstrukturen in der Politik richtet, nicht jedoch gegen den Aufbau professioneller Organisationen selbst. Im Gegenteil: Es ist Weber, der im zeitgenössischen liberalen Milieu, besonders bei Friedrich Naumann, den älteren Honoratiorenliberalismus diskreditiert.[90] Auch die »charismatischen Führer«, die Weber durch parlamentarische Strukturen auswählen lassen möchte, sollen keineswegs in totaler Opposition zur Bürokratie des Staates stehen. Vielmehr ist das Charisma eingebettet in die professionelle Struktur des modernen Politikbetriebs, der dessen revolutionäre Wirkungen systematisch begrenzt.

Drittens schließlich sollen durch »staatstechnische« Mittel öffentlichkeitssensible Dialogstrukturen zwischen Parlament, Regierung und Bürokratie erzwungen werden. Die Parlamentarisierung soll die Abschottung der bürokratisch-militärischen Kerne des wilhelminischen Systems dadurch aufbrechen, daß das Parlament von den Kabinettsmitgliedern und leitenden Beamten »öffentlich Rede und Antwort verlangt und sie zur Rechenschaft zu ziehen die Macht hat« (PS: 399). Mit der Forderung, die Bürokratie zu nötigen, permanent »in einer Art Rede zu stehen« (PS: 353), entwickelt Weber die Idee eines institutionellen Legitimationszwanges, dem das staatliche Handeln unterworfen werden soll.[91]

In Verbindung mit der Gewaltenteilung bilden diese staatstechnischen Ordnungsmuster der Demokratie das institutionelle Gerüst, in dem die Freiheitsrechte der einzelnen nicht einfach eine äußerliche Grenze der Politik darstellen, sondern selbst zu »Machtquellen« (WG: 398) werden. Die so ermächtigten Subjekte malen bis in die Gegenwart das Schreckbild des »stahlharten Gehäuses der Hörigkeit« an die Wand, um genügend Widerstand zu mobilisieren, damit diese »objektive Möglichkeit« nicht Wirklichkeit werde.

Was bleibt von Weber heute?

Wer Weber nicht gerade zum »Ahn und Hausgott«[92] der modernen Sozialwissenschaften erheben möchte, wird einige seiner Überzeugungen heute nicht mehr unbesehen als gültig akzeptieren können. Dazu gehören die offenkundig zeitgebundenen Aspekte seiner Schriften wie der Nationalismus, der ihn beispielsweise zu der Aussage verleitete, daß sich die französische und die deutsche Kultur wie »verschiedene Götter« zueinander verhielten, »und zwar für alle Zeit« (WL: 604).

Abgesehen von solchen zeittypischen Irrtümern sind es vor allem die Fragen nach dem Verhältnis von Kapitalismus und Kultur sowie nach dem Status von Webers »realistischer« Politiktheorie, die umstritten sind. Ich gehe auf beide Problemkreise stichwortartig ein, bevor ich abschließend drei Felder nenne, auf denen Weber auch in diesem Jahrhundert noch aktuell sein dürfte.

Weithin angezweifelt wird heute zunächst die These einer endgültigen Abkopplung der kapitalistischen Marktwirtschaft von kulturellen Grundlagen, – eine These, die viele prominente Soziologen (u.a. Habermas) bis vor kurzem für unbestreitbar hielten. In Wirklichkeit ist der »Geist des Kapitalismus« nicht verschwunden, sondern macht immer neue Wandlungen durch, indem er kulturelle Trends assimiliert und in neue Produkte, Märkte, Organisationsmuster und Managementphilosophien übersetzt. Selbst die bei Weber noch als antirational eingestuften Potenzen der modernen ästhetischen und erotischen Erfahrung sind eingegangen in die Bewegungskräfte eines flexiblen, nachpuritanischen Kapitalismus. Heutige Soziologen sprechen von einem »Synkretismus« von neuen kulturellen Lebensformen und kapitalistischen Produktions- und Konsummodellen, die nicht länger auf der Unterdrückung kreativer Ansprüche, sondern auf deren geschickter Transformation in Wertschöpfungsressourcen beruhen.[93]

Unberührt von dieser Frage nach der Verknüpfung von wirtschaftlicher Produktivität mit kulturellen Milieus bleibt die Frage, ob sich eigentlich die protestantische Ethik historisch erschöpft hat und ob sie weiterhin zur Erklärung von divergierenden Leistungsprofilen zwischen unterschiedlichen Kapitalismen taugt. Manche Historiker argumentieren, daß der Niedergang des Arbeitsethos in Europa mit der wachsenden Gleichgültigkeit in religiösen Fragen korreliere, während in den Vereinigten Staaten von Amerika der umgekehrte Zusammenhang bis heute nachweisbar sei.[94]

Als fragwürdig wird schließlich Webers »realistisch« gemeinte Überhöhung bestimmter Trends der Bürokratisierung von Organisationen zu »unentrinnbaren« Schicksalsmächten empfunden, denen man mit einer »männlichen und herben Haltung« (PS: 549) begegnen müsse. Zunächst kann man bezweifeln, ob es tatsächlich diesen schicksalhaften Trend zur Bürokratisierung gibt. Die hochbürokratischen Systeme Osteuropas sind jedenfalls vor nicht langer Zeit wie Kartenhäuser eingestürzt.[95] Webers Annahme der überragenden technischen Leistungsfähigkeit bürokratischer Verwaltungsmethoden kommt uns heute nicht »realistisch«, sondern wirklichkeitsfremd vor. Der Wissenschaftsmythos unentrinnbarer Bürokratisierung bildet wiederum die Grundlage der von Weber als notwendig »männlich« empfohlenen Grundhaltung einer Anerkennung der Dinge, wie sie (angeblich) sind. Man erinnert sich an D.H. Lawrence, der 1915 resigniert feststellte, daß der Erste Weltkrieg »die Welt der Männer total« gemacht habe.[96] Wenn nicht in ihren Tiefenstrukturen, so bestätigt die Webersche Soziologie dieses Diktum doch in ihren atmosphärischen Ausprägungen.

Ungeachtet dessen läßt sich der Schonungslosigkeit, mit der Weber »Schwindel« und »Selbstbetrug« (WL: 611) in der intellektuellen Sphäre aufspürt, etwas abgewinnen, wenn man sieht, daß sich gerade hier die Idee eines Widerstands gegen die korrumpierende Macht der in mehr oder weniger geschlossenen Anstalten organisierten Gesellschaft ankündigt. Auch muß gesehen werden, daß Weber zunächst nicht die bürgerlichen Fluchtbewegungen der Sonnenanbeter, Vegetarier und Poeten im Auge hatte, die auf dem Monte Verità bei Ascona oder in München-Schwabing neue Gemeinschaften und Milieus geschaffen hatten. Vielmehr wollte er in erster Linie »die Wasserscheu des deutschen Spießbürgertums« (PS: 263) vor dem Sprung in die Moderne bekämpfen, besonders jenes »emotionale Bedürfnis nach einer Flucht in den ›Idealismus‹«[97], das über lange Zeit den wichtigsten und verheerendsten Beitrag der deutschen Bildungsschichten zur Politik bildete.

Webers »Realismus« hat ihn weiterhin nicht daran gehindert, mit größtmöglicher Deutlichkeit die Menschenrechte und die bürgerlichen Freiheitsrechte als eine unhintergehbare, selbstverständlich gewordene Errungenschaft zu betrachten, die auch dann Bestand hat, wenn ihre klassische, vertragstheoretische Begründungsform unplausibel geworden ist. Die unsentimentale Verteidigung des einzelnen und seiner Freiheit, die ohne Berufung auf den Kollektivbegriff der »Menschheit« auskommt, macht aus Weber den Vorläufer eines »konkreten Liberalismus«[98]. Dieser Liberalismus erklärt die Freiheit *von* konventionellen Werten (in der Wissenschaft) für nicht weniger verteidigungswürdig als die Freiheit *zu* eigenen Wertsetzungen (in Alltag und Politik), wenngleich die Frage offenbleibt, wie beide Freiheiten zusammenhängen, wo sie miteinander in Konflikt geraten können und wie solche Konflikte gelöst werden sollen. Jedenfalls geht Webers »Realismus« keineswegs mit einem Desinteresse für normative Fragen der Gestaltung von Ordnung einher.

Die folgenden drei Stichworte sollen diese These noch einmal unterstreichen und zeigen, auf welchen Diskussionsfeldern der

Gegenwart die Beiträge Max Webers auch heute wegweisend sein können.

Anti-Essentialismus. Webers Schriften können gelesen werden zur Einübung in ein Denken in variablen Konstellationen, das nicht länger den Glauben pflegt, den »Kollektivbegriffen« der Sozialwissenschaft (Staat, Klasse, Moderne, Globalisierung usw.) entsprächen in der Wirklichkeit gleichermaßen solide Einheiten oder große, alles verschlingende Prozesse. Die *Wissenschaftslehre* richtet sich gegen »naturalistische Vorurteile« nicht weniger als gegen den Hegelschen »Panlogismus«, also die weitverbreitete Annahme, daß alles mit allem zusammenhängt und auf einen zu erschließenden zentralen Sinn verweist. Nicht einmal auf ein »Wesen« der *eigenen* Arbeit können sich die Akteure der modernen Sozialforschung verlassen, da sich die »Gesichtspunkte«, unter denen wir uns für die sogenannte Wirklichkeit interessieren, laufend verschieben. Diese Verschiebungen wiederum führen zu einer »Unsicherheit über das ›Wesen‹ der eigenen Arbeit« sowie über den gesamten »Betrieb« der Wissenschaft. (WL: 218) Damit diese konstitutive Unsicherheit produktiv werden kann, muß der Betrieb nach außen vor politischer Steuerung bewahrt werden, während intern der Normalmodus von Kommunikation die »Kritik« sein sollte. Der *Homo academicus* der liberalen Demokratie wird entworfen als ein Wesen, das der »denkbar schärfsten sachlich-wissenschaftlichen Kritik ausgesetzt« (WL: 158) ist – und gerade dadurch gedeiht.

Verteidigung des Staates. Weber war trotz der »Kriegszentrierung« seiner Soziologie in politischen und sozialen Fragen ein Antimilitarist. Er suchte nach Gegengewichten gegen »die moderne militärische Zwangsrobott« (SW: 278) und hatte nichts übrig für das literarisch verbrämte Kriegsgeschrei seiner Zeitgenossen, das um so lauter wurde, je mehr der Sicherheitsabstand zu den Schützengräben wuchs. (vgl. RS III: 121 f.) Wir dürfen vermuten, daß er auch die nach dem damaligen Reichswehrminister benannte »Noske-Politik« der frühen Weimarer Politik kritisiert hätte, in der das politische Handeln auf das »Einsatzdenken der Polizei« reduziert wurde.[99]

Gleichwohl liegt die Aktualität Webers nicht zuletzt in seiner resoluten Verteidigung des modernen westlichen Staates. Der Staat ist ein politischer Verband mit Betriebscharakter, der innerhalb eines Territoriums positiven Ordnungen zur Geltung verhilft, indem er das Monopol legitimer physischer Gewaltsamkeit innehat. Weber betrachtete den Staat im Westen als ein Ergebnis der demokratischen Revolutionen, das es zu verteidigen gelte gegen den korrumpierenden Einfluß nichtlegitimierter Sonderinteressen: gegen mächtige »Klüngel« (PS: 501) und organisierte »›Bünde‹ aller Art« (PS: 499). Die Vorschläge zur Verfassungsreform aus den Jahren 1917 bis 1919 richteten sich gegen Phänomene wie die Verquickung des bürokratischen Rationalismus mit einem »Trinkgeldersystem« (PS: 367) der Ämterpatronage – Phänomene, an deren Steigerungsformen heute ganze Gesellschaftszonen auf der Erde zugrunde gehen. Selbst in der Mitte Europas ist die demokratische Substanz mancher Staaten so ausgezehrt, daß keineswegs mehr alle Bürgerinnen und Bürger geschützt werden und bedrohte Minderheiten auf die Dienstleistungen privater Sicherheitsdienste angewiesen sind.[100] Die heutige Neigung, »›Bünde‹ aller Art« mit dem Heiligenschein der »Zivilgesellschaft« auszustatten, wäre auf das Befremden eines Denkers gestoßen, der ahnte, daß die Erosion staatlicher Herrschaftsstrukturen einem weit größeren Unheil Vorschub leisten würde, als es der Staat selbst ist.[101]

Methodischer Eurozentrismus. Wir haben gesehen, daß sich zwischen 1909 und 1913 das Forschungsprogramm Webers auf die Frage nach der Besonderheit und Eigenart der westlichen Gesellschaftsentwicklung ausdehnt. Weber betrachtete den »Aufstieg des

Westens« als ein einzigartiges, in höchstem Maße erklärungsbedürftiges Phänomen. Dieses Programm ist gelegentlich mit dem Vorwurf des »Eurozentrismus« belegt worden. Der Vorwurf des Eurozentrismus zielt auf zweierlei: zum einen auf die von Herrschaftsabsichten geleitete Selbstzurechnung einer *moralischen Überlegenheit* Europas gegenüber dem Rest der Welt, zum anderen auf die systematische *Verkennung der Eigenart* außereuropäischer Sozialwelten durch die Selbstbezogenheit des europäischen Diskurses, der die fremden Kulturen auf »das Andere« seiner selbst reduziere.

Ich behaupte nun, daß diese Kritik das Werk Webers nur zu einem kleinen Teil trifft. Mehr noch: Webers Schriften weisen gerade dank ihres *»methodischen«* Eurozentrismus und trotz aller zeitbedingten Beschränkungen auch heute noch einen ersten Weg durch das Gestrüpp interkultureller Sozialanalysen. Damit wird nicht bestritten, daß Weber an manchen Stellen dazu neigte, die Unterschiede zwischen sehr verschiedenen Bevölkerungen eines geographischen Raums zu nivellieren und beispielsweise vom »Verhalten des Asiaten« (RS II: 374) zu sprechen, so als seien alle Kulturmuster zwischen Kasachstan und Sri Lanka einheitlich. Ebenso muß es dem Expertenstreit überlassen bleiben, ob Webers Analysen im einzelnen empirisch zutreffend sind oder nicht. Daß Weber bei der Bestimmung der Eigenart etwa der indischen Zivilisation[102] möglicherweise Fehler gemacht, ist jedoch an sich noch kein Indiz für Eurozentrismus. Weber hat auch Fehler gemacht bei der Bestimmung der Ursprünge des asketischen Mönchtums, das er mit den Zisterziensern im Hochmittelalter beginnen läßt, während wir heute aufgrund einer anderen Quellenlage wissen, daß die Anfänge des Mönchtums bis ins 4. Jahrhundert nach Ägypten zurückreichen.[103] All dies ist *normal science,* solange man nicht nachweisen kann, daß sich die Fehler in Webers Analyse einer einzigen systematischen Quelle verdanken, die sich nur ideologiekritisch freilegen läßt.

Ernster zu nehmen ist der Verdacht, daß Weber in tautologischer Weise die nichtwestlichen Kulturen als defizitär ansieht, weil ihnen die besonderen Eigenschaften des Okzidents fehlen. Tatsächlich sind Webers Beschreibungen der chinesischen und indischen Welt voll von Ausdrücken des Mangels. Geschildert werden die Folgen der *Abwesenheit* ethischer Prophetie oder des *»Ausbleibens«* (RS II: 375) wirtschaftlicher Rationalität und Lebensplanung. Aber diese Mängelanzeigen sind nicht Hinweise auf eine beanspruchte moralische Überlegenheit Europas, sondern Konsequenz einer individualisierenden Vergleichsmethodik, die Besonderheiten unterschiedlicher Zivilisationen herausarbeiten möchte.[104] Weber zeigt sich durchaus empfänglich für eine Umkehrung seiner Analysen und die Übernahme einer Fremdperspektive, aus der die Europäer ihrerseits als »westländische Barbaren« (RS II: 373) erscheinen.

Zwei weitere Argumente sprechen gegen den Eurozentrismus-Vorwurf. Erstens hat Weber trotz seiner Bewunderung vor allem für die großen puritanischen Kulturbewegungen im Westen bekanntlich eine außerordentlich pessimistische Vision der bleiernen *Zukunft* des westlichen Sonderwegs entwickelt.[105] Der Okzident hat aus seiner Sicht keine wirklich befriedigende Antwort auf die Frage nach dem »Sinn« des Daseins gegeben, und außerdem sah er für die Zukunft der Freiheit schwarz – dies freilich wiederum vor dem Hintergrund einer wertenden Stellungnahme, die auch anders hätte ausfallen können. (Niemand kann umhin, die jeweils »eigenen« Werte zu vertreten und urteilt in diesem Sinne immer irgendwie »...-zentrisch«; wäre er oder sie in der Lage, die Werte der »anderen« zu teilen, würden diese Werte im selben Augenblick zu eigenen.) Zweitens zeichnet sich der Ansatz Webers dadurch aus, daß in ihm »ganze Gesellschaften«[106] ebensowenig vorkommen wie kompakte »Kulturkreise«, wie sie die deutsche Ethnologie des frühen 20. Jahrhunderts entwarf, d.h.

holistische Einheiten von Siedlungsräumen und Kollektivmentalitäten. Webers methodischer Eurozentrismus untersucht statt dessen einzelne Gesellschaftszonen unter bewußt gewählten »Gesichtspunkten«, die sich ebenso verschieben können wie die Reichweite und Bedeutung dessen, was überhaupt jeweils unter »Okzident« und »Orient« verstanden werden kann.[107]

Der Anti-Essentialismus und das für Webers vergleichende Soziologie stilbildende Denken in variablen Konstellationen machen sich hier erneut bemerkbar. Der Aufstieg des Westens verdankt sich demnach nicht einer einzelnen Ursache, sondern einer Verkettung günstiger Umstände.[108] Ebenso ist die im Vergleich zum Westen zunächst geringere Fähigkeit etwa der chinesischen und indischen Kultur, das Antlitz der Erde umzugestalten, nicht monokausal auf »geistesgeschichtliche Ursachen« zurückzuführen, sondern ebenso auf kontingente politische Faktoren wie etwa die gezielte Einschränkung des Fernhandels und die moralische Tabuisierung des Reisens im Interesse der »Verpfründung« der Wirtschaft. (RS II: 375 f.) In chronologischer Hinsicht enden Webers Analysen mit der »gewaltsamen Öffnung« (RS II: 375) außereuropäischer Herrschaftsgebiete durch den Kolonialismus und damit mit dem Beginn einer Modernisierung *von außen*.[109] Anders als beim Blick auf die Zukunft des westlichen Sonderwegs riskiert Weber keine Aussagen über die Zukunft nichtwestlicher Weltregionen. Erst recht hören wir noch nichts über mögliche *gemeinsame* Zukünfte in einer Welt, in der die Entgegensetzung von Westen und Osten ohnehin problematisch geworden ist.

Anhang

Anmerkungen

1 »Wahlverwandtschaften« zwischen Max Weber, der Frankfurter Schule und dem strukturalen Marxismus versucht nachzuweisen: B.S. Turner, For Weber. Essays on the Sociology of Fate, London/Boston 1981, S. 29-105.

2 Vgl. G. Wagner/H. Zipprian, Wertfreiheit. Eine Studie zu Max Webers kulturwissenschaftlichem Formalismus, in: Zeitschrift für Soziologie 18 (1989), S. 4-15.

3 Ebenda, S. 9.

4 So der Ausdruck von Heinrich Maier, Psychologie des emotionalen Denkens, Tübingen 1908, S. 282 ff.

5 Vgl. K. Palonen, Max Weber's Reconceptualization of Freedom, in: Political Theory 27 (1999), S. 523-544, hier: S. 525.

6 Zu den Anschauungen des Vereins für Sozialpolitik (»Kathedersozialisten«), der 1872 von Gustav Schmoller, Adolph Wagner und Lujo Brentano gegründet wurde, vgl. F.K. Ringer, Die Gelehrten. Der Niedergang der deutschen Mandarine 1890-1933, Stuttgart 1983, S. 134 ff.

7 Vgl. ebenda, S. 273 ff.

8 Diesen Punkt hat Friedrich Tenbruck mit großer Klarheit herausgearbeitet. Vgl. F.H. Tenbruck, Die Wissenschaftslehre Max Webers. Voraussetzungen zu ihrem Verständnis, in: G. Wagner/H. Zipprian (Hg.), Max Webers Wissenschaftslehre. Interpretation und Kritik, Frankfurt/M. 1994, S. 367-389.

9 Zum Begriff der »scientific myths« vgl. S. Toulmin, The Return to Cosmology. Postmodern Science and the Theology of Nature, Berkeley/CA 1982, S. 21-32.

10 Daher Webers hartnäckiger Einsatz für Jungakademiker, die aus politischen oder religiösen Motiven diskriminiert wurden und nicht darauf hoffen konnten, an einer deutschen Universität die Venia legendi zu erhalten. Das prominenteste Beispiel ist der jüdische Intellektu-

elle Robert Michels, der in Heidelberg bei Weber studierte und – versehen mit den Referenzen seines Lehrers – 1907 nach Turin übersiedelte.

11 Zu den Arbeiten Max Webers vor seinem Zusammenbruch vgl. den grundlegenden Aufsatz von L.A. Scaff, Weber before Weberian Sociology, in: British Journal of Sociology 35 (1984), S. 190-215. Zur Biographie dieser Phase vgl. Douglas Webster, in: W. J. Mommsen/W. Schwentker (Hg.), Max Weber und seine Zeitgenossen, Göttingen 1988, S. 703 ff.

12 Vgl. hierzu die wunderbaren Schilderungen in Marianne Weber, Max Weber. Ein Lebensbild, Tübingen 1984, S. 292-317, sowie insbesondere auch G. Kamphausen, Die Erfindung Amerikas in der Kulturkritik der Generation von 1890, Weilerswist 2002.

13 Gilcher-Holtey, in: Ch. Gneuss/J. Kocka (Hg.), Max Weber. Ein Symposion, München 1988, S. 147 (Hervorhebung von mir, VH).

14 Vgl. W. Schluchter, Religion und Lebensführung, Band I, Frankfurt/M. 1988, S. 45 f.

15 Vgl. W. Hennis, Max Webers Fragestellung, Tübingen 1987, S. 3-58. Hennis richtet seine Kritik vor allem gegen F.H. Tenbruck, Das Werk Max Webers, in: Kölner Zeitschrift für Soziologie und Sozialpsychologie 27 (1975), S. 663-703.

16 Vgl. Schluchter, Religion und Lebensführung, Band I, a.a.O., S. 26, sowie Band II, Frankfurt/M. 1988, S. 631. Vgl. H. Tyrell, Max Webers Soziologie – eine Soziologie ohne »Gesellschaft«, in: Wagner/Zipprian (Hg.), Max Webers Wissenschaftslehre, a.a.O., S. 390 ff.

17 Brief vom 12. Januar 1906, zit. nach W.J. Mommsen, Max Weber. Gesellschaft, Politik und Geschichte, Frankfurt/M. 1974, S. 83.

18 Zitiert nach Schluchter, Band II, a.a.O., S. 276.

19 Auf diesen Aspekt der Zweidimensionalität verweist H.F. Spinner, Der ganze Rationalismus einer Welt von Gegensätzen, Frankfurt/M. 1994.

20 »Man kann eben«, heißt es in den Protestantismusstudien, »das Leben unter höchst verschiedenen letzten Gesichtspunkten und nach sehr verschiedenen Richtungen hin ›rationalisieren‹« (RS I: 62).

21 Johann Wolfgang von Goethe, Maximen und Reflexionen.

22 Zu einer aktuellen Umdeutung dieser Weberschen Denkfigur vgl. A. Honneth, Organisierte Selbstverwirklichung. Paradoxien der Indivi-

dualisierung, in: ders. (Hg.), Befreiung aus der Mündigkeit. Paradoxien des gegenwärtigen Kapitalismus, Frankfurt/M. 2002, S. 141 ff.

23 So Richard van Dülmen, in: Gneuss/Kocka (Hg.), Max Weber, a.a.O., S. 101.

24 Zum wirtschaftssoziologischen Gegensatz von »Haushalten« und »Erwerben«, der sich dem Gegensatz von »materialer« und »formaler« Rationalität subsumieren läßt, vgl. WG: 46 f., 53.

25 Vgl. G. Poggi, Calvinism and the Capitalist Spirit. Max Weber's Protestant Ethic, London 1983, S. 55 f.

26 Vgl. RS I: 162 f. Diese zweite Kausalbeziehung ist überaus stark. Gelegentlich entsteht sogar der Eindruck, als seien der protestantische Bewährungs- und Berufungsgedanke und der »Geist des Kapitalismus« beinahe identisch. (vgl. RS I: 202 f.)

27 Vgl. die Argumente bei Poggi, Calvinism and the Capitalist Spirit, a.a.O., S. 47-51. Der explizite Anspruch, die ökonomischen Epochen zu »psychologisieren«, findet sich z.B. bei dem von Weber scharf kritisierten Leipziger Kulturhistoriker Karl Lamprecht (»Biopsychologische Probleme«, in: Annalen der Naturphilosophie 3, 1904).

28 Vgl. generell dazu: R. Collins, Weberian Sociological Theory, Cambridge 1986, S. 19 ff.; Schluchter, Religion und Lebensführung, Band II, a.a.O., S. 382 ff.

29 Vgl. Schluchter, Religion und Lebensführung, Band II, a.a.O., S. 201 f., sowie die Selbstbestimmungen Webers in der »Vorbemerkung«, RS I: 12 f.

30 Vgl. Collins, Weberian Sociological Theory, a.a.O., S. 33; Poggi, Calvinism and the Capitalist Spirit, a.a.O., S. 92-113. Kritik daran, bei Weber überhaupt »eine Alternative zwischen Institutionen und Motiven aufzurichten«, übt Schluchter, Religion und Lebensführung, Band II, a.a.O., S. 266, Fn. 12.

31 E. Leites, Puritanisches Gewissen und moderne Sexualität, Frankfurt/M. 1988, S. 99.

32 Zitiert nach Hennis, Max Webers Fragestellung, a.a.O., S. 43, Fn. 51.

33 M. Horkheimer/Th. W. Adorno, Dialektik der Aufklärung, Frankfurt/M. 1969.

34 Schluchter, Religion und Lebensführung, Band II, a.a.O., S. 560 f., Fn. 2.

35 Genau dies aber scheint Hennis, Max Webers Fragestellung, a.a.O., S. 52, im Sinn zu haben.

36 H. Goldman, Max Weber and Thomas Mann, Berkeley/Los Angeles 1988, S. 168.

37 Vgl. Poggi, Calvinism and the Capitalist Spirit, a.a.O., S. 1-12 (»The Personal Context«).

38 So Weber in einem Brief an Paul Siebeck vom 11. September 1919.

39 Schluchter, Religion und Lebensführung, Band I, a.a.O., S. 102 f.

40 Zu Webers musiksoziologischen Exzerpten vgl. V. Kalisch, Max Webers Studie »Die rationalen und soziologischen Grundlagen der Musik«-wi(e)dergelesen, in: Leviathan 16 (1988), S. 563-574.

41 Zu dem hier verwendeten Begriff der »Selbstpraktiken«, der in dieser Weise bei Weber nicht vorkommt, vgl. M. Foucault, Sexualität und Wahrheit, Band 2: Der Gebrauch der Lüste, Frankfurt/M. 1986, S. 36-45.

42 Webers Konfuzianismusstudie zeigt zugleich exemplarisch die Wahlverwandtschaft, die sich historisch zwischen Religions- und Herrschaftsstrukturen ergeben kann. Der Konfuzianismus wird eingeführt als die Religion der Beamten und Beamtenanwärter eines patrimonialbürokratischen Systems. Vgl. dazu Schluchter, Religion und Lebensführung, Band II, a.a.O., S. 42 ff.

43 Schluchter (ebenda, S. 580 f.) vermutet, daß Webers nachgelassenes Manuskript über die Stadt (WG: 727-814) möglicherweise gar nicht für *Wirtschaft und Gesellschaft*, sondern für die *Wirtschaftsethik der Weltreligionen* konzipiert worden ist.

44 Vgl. Schluchter, Religion und Lebensführung, Band II, a.a.O., S. 251 ff.

45 Vgl. auch das Kapitel über »Die Typen der Herrschaft«, in WG: 122-176.

46 Vgl. Webers Brief an Paul Siebeck vom 23. Januar 1913.

47 S. Breuer, Max Webers Herrschaftssoziologie, in: Zeitschrift für Soziologie 17 (1988), S. 315-327.

48 Vgl. Collins, Weberian Sociological Theory, a.a.O., S. 49 ff.

49 Vgl. W. J. Mommsen, Max Weber and Roberto Michels. An asymmetrical partnership, in: Europäisches Archiv für Soziologie 22 (1982), S. 100-116.

50 Grundsätzlich ist es für Weber gerade die »Wirtschaftsgebundenheit« einer politischen Ordnung, die über ihre Stabilität entscheidet. Vgl. Schluchter, Religion und Lebensführung, Band II, a.a.O., S. 544.

51 Zum Charismabegriff vgl. die Beiträge in W. Gebhardt/A. Zingerle/M.N. Ebertz (Hg.), Charisma – Theorie, Religion, Politik, Berlin/New York 1993.

52 Vgl. hierzu glänzend: Palonen, Max Weber's Reconceptualization of Freedom, a.a.O., S. 523-544, hier: S. 536.

53 Von einer »militaristischen Tradition« in der Soziologiegeschichte, zu der besonders deutschsprachige Autoren wie Carl Schmitt, Otto Hintze, aber auch Max Weber beigetragen hätten, hat der amerikanische Soziologe Michael Mann gesprochen. Kritisch dazu H. Joas, Gibt es eine militaristische Tradition in der Soziologie?, in: ders., Kriege und Werte. Studien zur Gewaltgeschichte des 20. Jahrhunderts, Weilerswist 2000, S. 204-235.

54 M. Foucault, In Verteidigung der Gesellschaft. Vorlesungen am Collège de France (1975-76), Frankfurt/M. 2001, S. 32.

55 Vgl. lehrreich hierzu: J. Deininger, »Die sozialen Gründe des Untergangs der antiken Kultur«. Bemerkungen zu Max Webers Vortrag von 1896, in: P. Kneissl/V. Losemann (Hg.), Alte Geschichte und Wissenschaftsgeschichte, Darmstadt 1988, S. 95-112.

56 Vgl. S. Breuer, Bürokratie und Charisma. Zur politischen Soziologie Max Webers, Darmstadt 1994, S. 17.

57 Collins, Weberian Sociological Theory, a.a.O., S. 154 f.

58 Vgl. vor allem Webers Aufsatz »Parlament und Regierung im neugeordneten Deutschland«, geschrieben zu Beginn des Jahres 1918. (PS: 306-443)

59 Andere sind an dieser Stelle eingesprungen. Vgl. Tibor Süle, Preußische Bürokratietradition, Göttingen 1988.

60 Vgl. etwa WG: 682 (über die angeblich unbeirrbare »Sachlichkeit« und Disponibilität der Bürokratie).

61 Vgl. z.B. Jakob Katz, Tradition und Krise. Der Weg der jüdischen Gesellschaft in die Moderne, München 2002 (Erstauflage in Hebräisch 1958). Im Anschluß an Weber zeigt Katz detailliert, wie die äußerst traditionalistische Institution der jüdischen Gemeinde *(kehilla)* in Mittel- und Osteuropa im 18. Jahrhundert sowohl durch die Kräfte der Aufklärung als auch durch das Wirken chassidischer Wundermänner und Ekstatiker in die Moderne gestoßen wurde.

62 Die folgenden Seiten stützen sich auf Auszüge aus: V. Heins, Politik und Emotion: Von Max Weber zur Zweiten Moderne, in: Zeitschrift für Politik 49 (2002), S. 424-448.

63 Vgl. R.W. Bologh, Love or Greatness. Max Weber and Masculine Thinking – A Feminist Inquiry, London 1990 und A. van Baalen, Hidden

Masculinity: Max Weber's Historical Sociology of Bureaucracy, Diss., Universität Amsterdam 1994.

64 Brief an Michels vom 1. Februar 1907 in: Briefe 1906-1908 (MWG II/5), Tübingen 1990, S. 242.

65 Vgl. Schluchter, Religion und Lebensführung, Band II, a.a.O., S. 138.

66 Sachliche (angeblich: »politische«) Bemerkungen am 19. Jannuar [1920 zum Fall Arco], in: Zur Neuordnung Deutschlands. Schriften und Reden 1918-1920 (MWG I/16), Tübingen 1988, S. 273.

67 Das Karlsruher Tagblatt, dem diese paraphrasierte Rede vom 4. Januar 1919 zu entnehmen ist, fügt an dieser Stelle einen redaktionellen Zusatz in den Text ein: »Stürmischer Beifall«.

68 Vgl. P. Ansart, La gestion des passions politiques, Lausanne 1983, S. 181.

69 Zur Klassentheorie Webers vgl. WG: 177-180, 514-540.

70 Zu den wirtschaftspolitischen Ansichten Webers vgl. den interessanten Aufsatz von G. Roth, The Near-Death of Liberal Capitalism: Perspectives from the Weber to the Polanyi Brothers, in: Politics & Society 31 (2003), S. 263-282, bes. S. 268.

71 A. Gramsci, Quaderni del carcere, Vol. 3, Turin 1975, S. 2146.

72 Ebenda, S. 2163. Innerhalb des westlichen Marxismus hat niemand so deutlich wie Gramsci mit dem Bewußtseinsparadigma seiner zumeist ultrarationalistischen Weggefährten gebrochen, um stattdessen die Aufmerksamkeit auf das zu richten, was Webers Zeitgenosse Willy Hellpach als das *»Nervenleben«* sozialer Gruppen bezeichnete. Auch hierin liegt eine Übereinstimmung mit Weber. Zu Hellpach u.a. vgl. S. Frommer, Bezüge zu experimenteller Psychologie, Psychiatrie und Psychopathologie in Max Webers methodologischen Schriften, in: Wagner/Zipprian, Max Webers Wissenschaftslehre, a.a.O., S. 239 ff., bes. S. 251.

73 Vgl. aber Gerd Schmidt, in: W.M. Sprondel/C. Seyfarth (Hg.), Max Weber und die Rationalisierung sozialen Handelns, Stuttgart 1981, S. 168 ff.

74 Gustav Theodor Fechner, Elemente der Psychophysik, 1. Aufl. 1860 (2. Aufl. 1889), hrsg. von W. Wundt.

75 Vgl. J. Kocka, Industrielles Management: Konzeptionen und Modelle in Deutschland vor 1914, in: Vierteljahreszeitschrift für Sozial- und Wirtschaftsgeschichte 65 (1969), S. 332-372, hier: S. 359.

76 Ebenda, S. 367 f.

77 Vgl. z.B. H. Kocyba, Der Preis der Anerkennung: Von der tayloristischen Mißachtung zur strategischen Instrumentalisierung der Subjektivität der Arbeitenden, in: U. Holtgrewe u.a. (Hg.), Anerkennung und Arbeit, Konstanz 2000, S. 127 ff.

78 Hamlet II, 2, Zeile 245 ff.

79 G. Schulze, Die Beste aller Welten. Wohin bewegt sich die Gesellschaft im 21. Jahrhundert?, München/Wien 2003, S. 357.

80 Vgl. Marc Ferro, Der große Krieg 1914-1918, Frankfurt/M. 1988, S. 13.

81 A. Döblin, Berge, Meere und Giganten, Berlin 1924.

82 Überhaupt ist zu Recht darauf hingewiesen worden, daß die moderne Gesellschaft sich nicht erschöpfend als »kapitalistische Gesellschaft« beschreiben läßt. Vgl. Tyrell, Max Webers Soziologie – eine Soziologie ohne »Gesellschaft«, a.a.O., S. 407.

83 Webers Bild der »spießbürgerlichen« Sozialdemokratie ist stark durch Robert Michels geprägt und teilweise verfälscht worden – so Dick Geary, in: Mommsen/Schwentker (Hg.), Max Weber und seine Zeitgenossen, a.a.O., S. 504 f.

84 Zitiert nach Eva Karadi, in: Mommsen/Schwentker (Hg.), Max Weber und seine Zeitgenossen, a.a.O., S. 683.

85 Vgl. R. Brubaker, The Limits of Rationality, London 1984, S. 82-87.

86 Beide sind selbst Phänomene jener technologischen Moderne, gegen die sie sich wenden, da sie von der Existenz moderner Großstädte zehren: von »all dem wilden Tanz der Ton- und Farbenimpressionen, den auf die Sexualphantasie einwirkenden Eindrücken und den Erfahrungen von Varianten der seelischen Konstitution, die auf das hungrige Brüten über allerhand scheinbar unerschöpfliche Möglichkeiten der Lebensführung und des Glückes hinwirken [...]. « (SS: 453). So Weber auf dem ersten Soziologentag 1910 in Frankfurt am Main.

87 M.B. Green, Else und Frieda, die Richthofen-Schwestern, München 1976, S. 40.

88 Zitiert ebenda, S. 195.

89 Zitiert ebenda, S. 112.

90 Vgl. W. J. Mommsen, Max Weber und die deutsche Politik 1890-1920, 2. Aufl., Tübingen 1974, S. 144 f.

91 In diesen Zusammenhang gehören vor allem Webers Entwürfe für ein weitgefaßtes Enqueterecht des Reichstages. (vgl. MWG I/15: 268-288) Näheres bei Mommsen, Max Weber und die deutsche Politik

1890-1920, a.a.O., S. 387 ff., und bei G. Schöllgen, Max Webers Anliegen, Darmstadt 1985, S. 89 ff.

92 Hennis, Max Webers Fragestellung, a.a.O., S. 4.

93 Vgl. z.B. S. Neckel, Die Marktgesellschaft als kultureller Synkretismus. Zum neuen Synkretismus von Ökonomie und Lebensform, in: Mitteilungen des Instituts für Sozialforschung, Heft 14, 2003, S. 7-21.

94 Vgl. N. Ferguson, The end of the Protestant work ethic in Europe (unv. Ms.), New York University 2003.

95 Dieses Großereignis paßt nicht recht in Webers Bild der Gegenwart. Vgl. V. Heins, Max Webers Sozialismuskritik, in: Zeitschrift für Politik 39 (1992), S. 377-393.

96 Zitiert nach Green, Else und Frieda, die Richthofen-Schwestern, a.a.O., S. 158.

97 Ringer, Die Gelehrten, a.a.O., S. 132.

98 Diesen Begriff verwendet J.-P. Sartre, Überlegungen zur Judenfrage, in: ders., Politische Schriften, Band 2, Reinbek 1994, S. 87. Zur Frage der Freiheitsrechte bei Weber vgl. Palonen, Max Weber's Reconceptualization of Freedom, a.a.O., S. 530 f., der ebenfalls auf verborgene Beziehungen zwischen Weber und Sartre zu sprechen kommt (ebenda, S. 538-540).

99 Zum Begriff der »Noske-Politik« vgl. W. Wette, Gustav Noske. Eine politische Biographie, Düsseldorf 1987, S. 317, 702 ff. (»Politik der Pazifizierung im Innern mit den Mitteln militärischer Gewalt«).

100 Wie es etwa der jüdischen Gemeinde in Wien ergangen ist. Vgl. J. Riedl, Stadt ohne Juden, in: Süddeutsche Zeitung vom 8. Juli 2003, S. 15.

101 Noch die Konzepte einer »plebiszitären Führerdemokratie«, mit denen sich Weber nach 1917 beschäftigte, dienten dem Schutz der elementaren staatlichen Bestandsvoraussetzungen von Demokratie und Moderne. Vgl. Breuer, Bürokratie und Charisma, a.a.O., S. 168.

102 Vgl. z.B. C. Badrinath, Max Weber's wrong understanding of Indian civilization, in: D. Kantowsky (Hg.), Recent research on Max Weber's studies of Hinduism, München 1986, S. 45-58.

103 Vgl. O.G. Oexle, Priester, Krieger, Bürger. Formen der Herrschaft in Max Webers »Mittelalter«, in: E. Hanke/W.J. Mommsen (Hg.), Max Webers Herrschaftssoziologie, Tübingen 2001, S. 203-222, hier: S. 215.

104 Zum Vergleich unterschiedlicher Vergleichsmethodiken vgl. grundlegend: C. Tilly, Big Structures, Large Processes, Huge Comparisons, New York 1984.

105 Vgl. J.A. Hall, Confessions of a Eurocentric, in: International Sociology 16 (2001), S. 488-497, hier: S. 489.

106 Tyrell, Max Webers Soziologie – eine Soziologie ohne »Gesellschaft«, a.a.O., S. 392.

107 Zu den Verschiebungen der geographischen und soziokulturellen Bedeutungen des »Okzidents« bei Weber vgl. S. Breuer, Max Weber und die evolutionäre Bedeutung der Antike, in: Saeculum 33 (1982), S. 174-192.

108 Aufschlußreich hierzu die Verweise auf die Forschungsliteratur in Hall, Confessions of a Eurocentric, a.a.O.

109 Neuere Forschungen zum historischen Zivilisationsvergleich setzen bei dieser gewaltsamen Öffnung an und untersuchen die Langzeitfolgen von imperialer Durchdringung oder Eroberung. »Postweberianisch« sind diese Analysen, wenn sie über eine differenzierte Analyse kausaler Faktoren hinaus eine umfassende Rekonstruktion unterschiedlicher Kontexte von Macht und Kultur anstreben sowie den Akzent auch auf den Wandel und die Diskontinuität außereuropäischer Gesellschaftsentwicklungen legen. Vgl. hierzu vorbildlich: J.P. Arnason, Social Theory and Japanese Experience: The Dual Civilization, London 1997, S. 20 ff.

Literaturhinweise

1. Schriften von Max Weber

Wirtschaft und Gesellschaft. Grundriß der verstehenden Soziologie, hrsg. von Johannes Winckelmann, 5., rev. Aufl., Tübingen 1976.

Gesammelte Aufsätze zur Religionssoziologie I-III, hrsg. von Marianne Weber, 1. Aufl., Tübingen 1920-21.

Gesammelte Aufsätze zur Wissenschaftslehre, hrsg. von Johannes Winckelmann, 6. Aufl., Tübingen 1985.

Gesammelte Politische Schriften, hrsg. von Johannes Winckelmann, 4. Aufl., Tübingen 1980.

Gesammelte Aufsätze zur Sozial- und Wirtschaftsgeschichte, hrsg. von Marianne Weber, 1. Aufl., Tübingen 1924.

Gesammelte Aufsätze zur Soziologie und Sozialpolitik, hrsg. von Marianne Weber, 1. Aufl., Tübingen 1924.

Die rationalen und soziologischen Grundlagen der Musik, Tübingen 1972.

Die protestantische Ethik. Bd. 1: Eine Aufsatzsammlung; Bd. 2: Kritiken und Antikritiken, hrsg. von Johannes Winckelmann, München/Hamburg 1968.

Wirtschaftsgeschichte. Abriß der universalen Sozial- und Wirtschaftsgeschichte, hrsg. von S. Hellmann und M. Palyi, München/Leipzig 1923; 3. Aufl., hrsg. von Johannes Winckelmann, Berlin 1958.

Max Weber Gesamtausgabe, hrsg. von Horst Baier, M. Rainer Lepsius, Wolfgang J. Mommsen, Wolfgang Schluchter, Johannes Winckelmann, Tübingen 1984 ff.

Die Schriften Max Webers werden unter Verwendung der folgenden Abkürzungen zitiert:

MWG	Max-Weber-Gesamtausgabe
PS	Gesammelte Politische Schriften

RS I, II, III	Gesammelte Aufsätze zur Religionssoziologie I-III
SS	Gesammelte Aufsätze zur Soziologie und zur Sozialpolitik
SW	Gesammelte Aufsätze zur Sozial- und Wirtschaftsgeschichte
WG	Wirtschaft und Gesellschaft
WL	Gesammelte Aufsätze zur Wissenschaftslehre

Zahlen nach einem Doppelpunkt (z.B. WL: 167) verweisen auf die Seitenzahl des entsprechenden Werkes.

2. Biographie und Zeitgeschichte

E. Baumgarten, Max Weber. Werk und Person, Tübingen 1964.

H.N. Fügen, Max Weber, Reinbek 1985.

M.B. Green, Else und Frieda, die Richthofen-Schwestern, München 1976.

P. Honigsheim, On Max Weber, New York 1968.

M.R. Lepsius, Max Weber in München, in: Zeitschrift für Soziologie 6 (1977), S. 103-118.

R. Michels, Max Weber, in: ders., Masse, Führer, Intellektuelle. Politisch-soziologische Aufsätze 1906-1933, Frankfurt/M. 1987.

W.J. Mommsen/W. Schwentker (Hg.), Max Weber und seine Zeitgenossen (Veröffentlichungen des Deutschen Historischen Instituts London, Bd. 21), Göttingen 1988.

E.K. Ringer, Die Gelehrten. Der Niedergang der deutschen Mandarine 1890-1933, Stuttgart 1983.

G. Roth, Max Webers deutsch-englische Familiengeschichte, Tübingen 2001.

Marianne Weber, Max Weber. Ein Lebensbild, 3. Aufl., unveränd. Nachdr. d. 1. Aufl. 1926, Tübingen 1984.

3. Ausgewählte Sekundärliteratur

a) Einige wichtige Bücher

G.A. Abraham, Max Weber and the Jewish Question, Urbana/IL 1992.

S. Böckler/J. Weiss (Hg.), Marx oder Weber? Beiträge zur Aktualisierung einer Kontroverse, Opladen 1982.

R.W. Bologh, Love or Greatness. Max Weber and Masculine Thinking – A Feminist Inquiry, London 1990.

S. Breuer, Bürokratie und Charisma. Zur politischen Soziologie Max Webers, Darmstadt 1994.

S. Breuer/H. Treiber (Hg.), Zur Rechtssoziologie Max Webers. Interpretation, Kritik, Weiterentwicklung, Opladen 1984.

W. Brugger, Menschenrechtsethos und Verantwortungspolitik. Max Webers Beitrag zur Analyse der Menschenrechte, Freiburg/München 1980.

H. Bruhns/W. Nippel (Hg.), Max Weber und die Stadt im Kulturvergleich, Göttingen 2000.

D. Chalcraft/A. Harrington (Hg.), The Protestant Ethic Debate, Liverpool 2001.

R. Collins, Weberian Sociological Theory, Cambridge 1986.

K. Doubt, Sociology after Bosnia and Kosovo: Recovering Justice, Lanham/MD 2000.

Ch. Gneuss/J. Kocka (Hg.), Max Weber. Ein Symposion, München 1988.

E. Hanke/W.J. Mommsen (Hg.), Max Webers Herrschaftssoziologie, Tübingen 2001.

W. Hennis, Max Webers Fragestellung. Studien zur Biographie des Werks, Tübingen 1987.

S. Kalberg, Einführung in die historisch-vergleichende Soziologie Max Webers, Wiesbaden 2001.

G. Kamphausen, Die Erfindung Amerikas in der Kulturkritik der Generation von 1890, Weilerswist 2002.

D. Käsler, Einführung in das Studium Max Webers, München 1979.

J. Kocka (Hg.), Max Weber, der Historiker, Göttingen 1986.

M. König, Menschenrechte bei Durkheim und Weber, Frankfurt/M. 2002.

G. Kuenzlen, Die Religionssoziologie Max Webers. Eine Darstellung ihrer Entwicklung, Berlin/München 1981.

H. Lehmann/G. Roth (Hg.), Weber's Protestant Ethic: Origins, Evidence, Contexts, Washington DC 1993.

W. J. Mommsen, Max Weber und die deutsche Politik 1890-1920, 2. Aufl., Tübingen 1974.

G. Poggi, Calvinism and the Capitalist Spirit. Max Weber's Protestant Ethic, London 1983.

W. Schluchter, Religion und Lebensführung. Studien zu Max Webers Kultur- und Werttheorie, 2 Bände, Frankfurt/M. 1988.

W.M. Sprondel/C. Seyfarth, Seminar: Religion und gesellschaftliche Entwicklung. Studien zur Protestantismus-Kapitalismus-These Max Webers, Frankfurt/M. 1973.

F.H. Tenbruck, Das Werk Max Webers. Gesammelte Aufsätze zu Max Weber, Tübingen 1999.

B.S. Turner, For Weber. Essays on the sociology of fate, London/Boston 1981.

G. Wagner/H. Zipprian (Hg.), Max Webers Wissenschaftslehre. Interpretation und Kritik, Frankfurt/M. 1994.

J. Weiß, Max Webers Grundlegung der Soziologie, München 1975.

J. Weiß (Hg.), Max Weber heute, Frankfurt/M. 1989.

S. Whimster/S. Lash (Hg.), Max Weber, Rationality and Modernity, London 1987.

M. Zängle, Max Webers Staatstheorie im Kontext seines Werkes, Berlin 1988.

A. Zingerle, Max Webers historische Soziologie. Aspekte und Materialien zur Wirkungsgeschichte, Darmstadt 1981.

b) Einige weiterführende Aufsätze

Z. Baumann, Sociology after the Holocaust, in: British Journal of Sociology 39 (1988), S. 470-497.

S. Breuer, Max Weber und die evolutionäre Bedeutung der Antike, in: Saeculum 33 (1982), S. 174-192.

S. Breuer, Max Webers Herrschaftssoziologie, in: Zeitschrift für Soziologie 17 (1988), S. 315-327.

V. Heins, Max Webers Sozialismuskritik, in: Zeitschrift für Politik 39 (1992), Heft 4, S. 377-393.

V. Heins, Politik und Emotion: Von Max Weber zur Zweiten Moderne, in: Zeitschrift für Politik 49 (2002), Heft 4, S. 424-448.

J.M. Hobson/L. Seabrooke, Constructing International Society and the Social Balance of Power, in: European Journal of International Relations 7 (2001), S. 239-274.

V. Kalisch, Max Webers Studie »Die rationalen und soziologischen Grundlagen der Musik« – wi(e)dergelesen, in: Leviathan 16 (1988), S. 563-574.

Th. Lemke, Max Weber, Norbert Elias und Michel Foucault über Macht und Subjektivierung, in: Berliner Journal für Soziologie 11 (2001), Heft 1, S. 77-95.

R.M. Lepsius, Max Weber und das Programm einer Institutionenpolitik, in: Berliner Journal für Soziologie 5 (1995), Heft 3, S. 327-333.

K. Palonen, Max Weber's Reconceptualization of Freedom, in: Political Theory 27 (1999), S. 523-544.

K. Palonen, Herrschaft und Rhetorik bei Max Weber, in: Vorgänge 41 (2002), Nr. 4, S. 59-67.

M. Riesebrodt, Vom Patriarchalismus zum Kapitalismus. Max Webers Analyse der Transformation der ostelbischen Agrarverhältnisse im Kontext zeitgenössischer Theorien, in: Kölner Zeitschrift für Soziologie und Sozialpsychologie 37 (1985), S. 546-567.

G. Roth, Max Weber und der globale Kapitalismus damals und heute, in: G. Schmidt/R. Trinczek (Hg.), Globalisierung – ökonomische und soziale Herausforderungen am Ende des zwanzigsten Jahrhunderts (Soziale Welt, Sonderband 13), Baden-Baden 1999.

L.A. Scaff, Weber before Weberian Sociology, in: British Journal of Sociology 35 (1984), S. 190-215.

S. Seubert, Paradoxien des Charisma. Max Weber und die Politik des Vertrauens, in: Zeitschrift für Politikwissenschaft 12 (2002), S. 1123-1148.

H. Tyrell, Potenz und Depotenzierung der Religion. Religion und Rationalisierung bei Max Weber, in: Saeculum 44 (1993), S. 300-347.

H.T. Wilson, Rationality and Capitalism in Max Weber's Analysis of Western Modernity, in: Journal of Classical Sociology 2 (2002), No. 1, S. 93-106.

Th. Wobbe, Max Webers Bestimmung ethnischer Gemeinschaftsbeziehungen im Kontext gegenwärtiger soziologischer Debatten, in: Carsten Klingemann/Karl-Siegbert Rehberg (Hg.), Jahrbuch für Soziologiegeschichte 1994, Opladen 1996, S. 177-189.

Zeittafel

1864	Max Weber wird am 21. April in Erfurt geboren.
1869	Die Familie Weber zieht von Erfurt nach Berlin.
1882	Beginn eines Jurastudiums in Heidelberg.
1883	Einjährige Militärdienstzeit in Straßburg.
1884	Studium der Jurisprudenz, Nationalökonomie, Geschichtswissenschaft, Philosophie und Theologie in Berlin u.a. bei Theodor Mommsen, Heinrich von Treitschke und Otto von Gierke.
1885	Referendarexamen. Weber wohnt bis 1893 im Elternhaus.
1888	Eintritt in den Verein für Sozialpolitik.
1889	Promotion zum Dr. jur. bei Levin Goldschmidt mit einer Dissertation über *Die Entwicklung des Sondervermögens der offenen Handelsgesellschaften im Mittelalter.*
1890	Weber lernt den liberalen Imperialisten Friedrich Naumann kennen.
1891	Habilitation über *Die römische Agrargeschichte in ihrer Bedeutung für das Staats- und Privatrecht* bei August Meitzen in Berlin.
1893	Hochzeit mit Marianne Schnitger. Außerordentliche Professur für Römisches Recht und Handelsrecht in Berlin.
1894	Berufung als Professor für Nationalökonomie an die Universität Freiburg.
1895	Reisen nach England, Schottland und Irland.
1896	Berufung auf den Lehrstuhl für Nationalökonomie an der Universität Heidelberg. Weber tritt dem von Naumann gegründeten National-Sozialen Verein bei.
1898	Ausbruch der Krise. Erster Sanatoriumsaufenthalt.
1899	Aufgabe der Lehrtätigkeit.
1900	Mehrere Reisen in den Süden Europas (u.a. Rom, Korsika, Istanbul).
1902	Im April Rückkehr nach Heidelberg.

1903 Weber quittiert den Dienst an der Universität Heidelberg.

1904 Webers große Amerikareise (zusammen mit Marianne und Kollegen).

1906 Neue Bekanntschaften und Freundschaften (Friedrich Gundolf, Karl Jaspers, Emil Lask, Paul Honigsheim).

1909 Max Weber ist Mitbegründer der Deutschen Gesellschaft für Soziologie. Er versteht sich seither als »Soziologe« .

1912 Die Webers richten in der idyllischen Fallensteinschen Villa in Heidelberg, die sie 1910 bezogen hatten, einen »Sonntags-Jour fixe« ein, zu dem sich regelmäßig zahlreiche prominente Gäste einfinden, u.a. Georg Lukács und Ernst Bloch.

1914 Einen Tag nach Ausbruch des Ersten Weltkriegs meldet sich Weber als Leutnant der Reserve freiwillig beim Garnisonskommando in Heidelberg und wird Disziplinaroffizier der Lazarettkommission.

1915 Im Herbst scheidet Weber aus dem Lazarettdienst aus.

1916 Engagement für eine »sachliche« Kriegszielpolitik und gegen den uneingeschränkten U-Boot-Krieg.

1917 Auf den Lauensteiner Tagungen lernt Weber Erich Mühsam und Ernst Toller kennen.

1918 Weber wird Mitglied der soeben von Friedrich Naumann u.a. gegründeten Deutschen Demokratischen Partei und hält zahlreiche politische Reden. Er nimmt im Reichsamt des Innern an den Diskussionen über eine neue Verfassung teil.

1919 Weber übernimmt in München den Lehrstuhl für Nationalökonomie von Lujo Brentano. Die späte Liebe zu Else Jaffe-Richthofen spielt bei dieser Entscheidung eine Rolle. Es kommt zu mindestens zwei Begegnungen mit Thomas Mann.

1920 Lungenentzündung. Max Weber stirbt am 14. Juni in München.

Volker Heins, geb. 1957, Promotion 1988, Habilitation 2001, ist z.Zt. Fellow an der Kennedy School of Government der Harvard University, ansonsten tätig als Politikwissenschaftler am Institut für Sozialforschung in Frankfurt am Main. Zahlreiche Veröffentlichungen zur politischen Theorie, zu neuen Formen des bürgerschaftlichen Engagements sowie zur Debatte um die sogenannte »Globalisierung«. – *Jüngste Veröffentlichungen u.a.:* Das Andere der Zivilgesellschaft. Zur Archäologie eines Begriffs, Bielefeld 2002; Militär/Gesellschaft, Bielefeld 2004 (zus. mit Jens Warburg).

In der Reihe »Zur Einführung« im Junius Verlag bisher erschienen:

Theodor W. Adorno
von Gerhard Schweppenhäuser

Hans Albert
von Eric Hilgendorf

Karl-Otto Apel
von Walter Reese-Schäfer

Hannah Arendt
von Karl-Heinz Breier

Aristoteles
von Christof Rapp

Roland Barthes
von Gabriele Röttger-Denker

Georges Bataille
von Peter Wiechens

Jean Baudrillard
von Falko Blask

Walter Benjamin
von Sven Kramer

Henri Bergson
von Gilles Deleuze

Hans Blumenberg
von Franz Josef Wetz

Jorge Luis Borges
von Adelheid Hanke-Schaefer

Pierre Bourdieu
von Markus Schwingel

Martin Buber
von Siegbert Wolf

Judith Butler
von Hannelore Bublitz

Albert Camus
von Asa A. Schillinger-Kind

Ernst Cassirer
von Heinz Paetzold

E.M. Cioran
von Richard Reschika

Auguste Comte
von Gerhard Wagner

Jacques Derrida
von Heinz Kimmerle

René Descartes
von Peter Prechtl

Wilhelm Dilthey
von Matthias Jung

Johannes Duns Scotus
von Mechthild Dreyer
und Mary Beth Ingham

Meister Eckhart
von Norbert Winkler

In der Reihe »Zur Einführung« im Junius Verlag bisher erschienen:

Mircea Eliade
von Richard Reschika

Norbert Elias
von Ralf Baumgart
und Volker Eichener

Epikur
von Carl-Friedrich Geyer

Amitai Etzioni
von Walter Reese-Schäfer

Ludwig Feuerbach
von Christine Weckwerth

Paul K. Feyerabend
von Eberhard Döring

Johann Gottlieb Fichte
von Helmut Seidel

Michel Foucault
von Hinrich Fink-Eitel

Gottlob Frege
von Markus S. Stepanians

Sigmund Freud
von Hans-Martin Lohmann

Hans-Georg Gadamer
von Udo Tietz

Gandhi
von Andreas Becke

Arnold Gehlen
von Christian Thies

Johann Wolfgang von Goethe
von Peter Matussek

Jürgen Habermas
von Detlef Horster

Nicolai Hartmann
von Martin Morgenstern

Georg Wilhelm Friedrich Hegel
von Herbert Schnädelbach

Martin Heidegger
von Günter Figal

Johann Friedrich Herbart
von Matthias Heesch

Johann Gottfried Herder
von Jens Heise

Thomas Hobbes
von Wolfgang Kersting

Max Horkheimer
von Rolf Wiggershaus

Edmund Husserl
von Peter Prechtl

Karl Jaspers
von Werner Schüßler

In der Reihe »Zur Einführung« im Junius Verlag bisher erschienen:

Helmuth Plessner
von Kai Haucke

Plotin
von Susanne Möbuß

Willard Orman Quine
von Geert Keil

John Rawls
von Wolfgang Kersting

Paul Ricœur
von Jens Mattern

Jean-Jacques Rousseau
von Günther Mensching

Jean-Paul Sartre
von Martin Suhr

Max Scheler
von Angelika Sander

Friedrich W.J. Schelling
von Franz Josef Wetz

Carl Schmitt
von Reinhard Mehring

Arthur Schopenhauer
von Volker Spierling

Georg Simmel
von Werner Jung

Sokrates
von Christoph Kniest

Baruch de Spinoza
von Helmut Seidel

Rudolf Steiner
von Gerhard Wehr

Botho Strauß
von Stefan Willer

Leo Strauss
von Clemens Kauffmann

Charles Taylor
von Ingeborg Breuer

Thomas von Aquin
von Rolf Schönberger

Christian Thomasius
von Peter Schröder

Paul Tillich
von Gerhard Wehr

Alexis de Tocqueville
von Michael Hereth

Eric Voegelin
von Michael Henkel

Michael Walzer
von Skadi Krause
und Karsten Malowitz

In der Reihe »Zur Einführung« im Junius Verlag bisher erschienen:

Max Weber
von Volker Heins

Alfred North Whitehead
von Michael Hauskeller

Ludwig Wittgenstein
von Chris Bezzel

Angewandte Ethik
von Urs Thurnherr

Antike politische Philosophie
von Walter Reese-Schäfer

Argumentationstheorie
von Josef Kopperschmidt

Buddhismus
von Jens Schlieter

Computerphilosophie
von Klaus Mainzer

Erkenntnistheorie
von Herbert Schnädelbach

Die europäischen Moralisten
von Robert Zimmer

Feministische Ethik
von Saskia Wendel

Feministische Theorien
von Regina Becker-Schmidt
und Gudrun-Axeli Knapp

Grundbegriffe der Ethik
von Gerhard Schweppenhäuser

Hermeneutik
von Matthias Jung

Hinduismus
von Andreas Becke

Interkulturelle Philosophie
von Heinz Kimmerle

Islam
von Peter Heine

Kulturphilosophie
von Ralf Konersmann

Moralbegründungen
von Konrad Ott

Rechtsphilosophie
von Detlef Horster

Semiotik
von Gerhard Schönrich

Taoismus
von Florian C. Reiter